KOBE BRYANT

中国情缘

本组图片提供：
程宫，搜狐网首席摄影师、图片频道主管

KOBE BRYANT

科比·布莱恩特

出场永远是严肃的，这就是科比。因为在“黑曼巴”的眼中除了胜利，只有胜利。

纵观科比，一生都与之相关的地理名词有3个：
美国，中国，意大利。

如果说之前意大利之于他很重要，
那么，从2008北京奥运会开始，一切都改变了：
在这里，
他学会了团队比赛；
在这里，
他学会了与LBJ等竞争对手的和解，
能够领导他们，
而不仅仅是击败他们；
在这里，
他第一次拿到了不再属于“大鲨鱼”，
而属于“黑曼巴”的世界冠军；
在这里，
他洗却NBA总决赛单场狂输39分的耻辱，
走上连续两届总决赛MVP的——
篮球巅峰。

USA
10

从超级偶像而非总决赛MVP的角度出发，在“黑曼巴”之前是“乔丹时代”，那个时代的球迷是不分派系的，几乎每个球迷的内心深处都供奉着“神位”——迈克尔·乔丹。

迈克尔·乔丹之前的时代是“黑白双雄”的对决，也是洛杉矶湖人与波士顿凯尔特人的对决，其中，“魔术师”是科比·布莱恩特的湖人前辈，而“大鸟”所效忠的球队则是他的世仇，一生的敌人。

因为“神”的退役，大家开始喜欢上了不同类型的偶像，蒂姆·邓肯、沙奎尔·奥尼尔是实力派的，阿伦·艾弗森、科比·布莱恩特、文斯·卡特、特雷西·麦克格雷迪以及稍早的蒂姆·哈达维、格兰特·希尔是偶像派的，除了天生的偶像气质他们还或多或少地模仿了迈克尔·乔丹，而修炼到最后，从偶像派修炼成实力派的只有“黑曼巴”——一代代对决的传承者，最终是，只能是“黑曼巴”了。

如今，科比·布莱恩特的时代结束了，接下来是勒布朗·詹姆斯的时代，与之映衬的包括了德怀恩·韦德、卡梅隆·安东尼、德怀特·霍华德、凯文·杜兰特、史蒂芬·库里、安东尼·戴维斯、乔尔·恩比德等新老巨星。

与之相对应的还有几代巨星的中国情缘的传承：之于中国球迷，“魔术师”和“大鸟”仅停留在文字、图片、视频的层面，“飞人”曾经就在中国球迷的面前或挥手或微笑，“黑曼巴”出现在了2008北京奥运会的赛场并在日后教中国球迷们应该如何对待赛场，而谁又敢说“詹姆斯大帝”以及与他或敌或队友的同时代巨星们不可能出现在中国赛场呢？

KOBE BRYANT

科比·布莱恩特：见证

高欣 著

青岛出版社
QINGDAO PUBLISHING HOUSE

Chapter1 漫长的序幕

目录 CONTENTS

Chapter2 最后的曼巴

目录 CONTENTS

序

永远的科比

齐小侠

最后的科比。永远的曼巴。

回首现场报道的科比职业生涯最后一战，两个月之后的现在还觉得如梦如幻，难以置信。个人来说，这个赛季非常特别，就因为科比。自从科比去年 11 月底宣布赛季结束之后退役以来，我赛季工作的重点之一就是科比，报道、手记和评论等等，不一而足，去年 12 月开车去圣安东尼奥看湖人的比赛，更不要说在休斯敦主场静候科比的到来。还没到 4 月，我们后方就决定因为科比退役意义非凡，让我最后再去洛杉矶一趟，见证黑曼巴的“天鹅绝唱”。因为要在斯台普斯中心外面做视频直播，所以“赶鸭子上架”，购买相关设备、学习直播流程、反复测试等等，差不多是忙活了半个月才确保一切无误。

伴随着科比职业生涯即将走向终点，一股无可遏制的热度扑面而来，置身其中，蔚为壮观。当地时间 4 月 10 日下午，火箭主场迎战湖人，这是科比在航天城的最后一战，职业生涯倒数第三战。我个人的采访感觉，这场比赛就像是季后赛，而且是东西部决赛，观众如堵，激情如潮，媒体也像打了鸡血一般，非常兴奋。但我完全没想到三天后，在洛杉矶，科比的最后一战会成为一部“史诗级的大片”，完全不逊于任何好莱坞的巨制，尽管我事先已经预料到那会让人非常疯狂。

那天下午，晚上七点半的比赛，我在下午不到两点就开车去斯台普斯中心，还没到球馆所在的费格罗大道，就见车流如织，堵得厉害。好不容易找到附近的一个停车场停车，平常十块、十五块的停车费涨到了四十块。球馆四周，穿着科比 8 号或者 24 号球衣的球迷接踵摩肩，络绎不绝，兴高采烈，欢声笑语。因为人实在太多，附近的一些道路都进行了交通管制，大量警察在维持秩序。

等来到球馆正门前的明星广场，我被完全震到了——下午三点不到，距离比赛时间还有四个多小时，广场上便密密麻麻全是人，仿佛泡在紫金色的海洋里。球馆面前的切克路（以湖人传奇解说员切克－赫恩命名）树立着科比的巨幅海报，东北角搭建了一个表演舞台，DJ 在卖力地打碟，渲染着气氛，上面是巨大的电视墙，上面播放着科比职业生涯的比赛集锦。切克路的西边铺上了篮球场，供球迷们排队进场投篮玩耍，对面的微软广场（以前是诺基亚剧场）也彻底被科比球迷占领，正中巨大的电视墙同样在播放着科比的比赛画面。球馆四周，每个方向都设立了一面巨大的白板签名墙，球迷在上面留下了无数留言和寄语。最让人震撼的是，成千上万的球迷啸聚在球馆正门前，不停高呼“KOBE!KOBE!”，声音之大，语调之虔诚让人感动。等到了比赛时间临近，球迷们排队等候进场之际，从高处俯视，人头攒动，因为人人身着科比的球衣，整个场面又有着庄严的仪式感。此时，一浪高似一浪的“KOBE!KOBE!”呼声让气氛达到了最高潮。

我们当天在场外做了现场视频直播，正如我在解说时说的那样，这是我十几年 NBA 报道生涯中遇到的最为震撼的时刻，场面之壮观连 NBA 总决赛也望尘莫及，“这就像是一个狂热的宗教节日，信徒们来到圣地朝拜，科比就是他们的神，信徒们无比虔诚，对他顶礼膜拜。”之后，球馆内发生的一切想必球迷都通过直播看到了，美轮美奂，大片巨制，不作赘述。

现在，留下这点文字，作他日回想之用，也为我的同行、兄弟高欣的新书忝作序言。

我和高欣相识于多年前在休斯敦采访姚明和火箭期间，那时，他还是一家篮球专业媒体的记者，他对 NBA 的痴迷、勤奋和严谨的工作态度、低调朴实的性格，都让我印象深刻。前两年，他写的麦迪的书《转身》大卖，得益于他对火箭的熟稔和在跟队期间和麦迪培养了很好的关系。我一直都有一个观点，那就是 NBA 的书需要圈内的行家里手操刀，最好是有 NBA 跟队的报道采访经验浸淫其中，才会游刃有余，得其精髓。而高欣就是一个极佳的人选，这两年他又在洛杉矶读书、工作，经常出入斯台普斯中心报道科比和湖人的比赛，让他来全景回顾科比的最后两个赛季，可谓水到渠成，信手拈来。

永远的科比。黑曼巴不再吐信，但他永远活在 NBA 的江湖之中，口口相传，生生不息。

自序

最后的曼巴

我曾试问自己，若干年后对采访科比·布莱恩特的这段经历还能回忆起哪几个片段？

我想了想，可能有3个，且这3个片段互不关联。人的记忆有时是支离破碎的，当它们突然涌现时，你会感到毫无来由。这就像做梦，在现实中看似无法联系在一起的场景，梦却可以把它们拼接起来。我一直以为，这3个互不关联的片段就像是一场梦，可是当我写完这本书，我发现我找到了原因。

片段1：2008–2009赛季西部联盟的季后赛第2轮，洛杉矶湖人vs休斯敦火箭，那是一段非常惨烈的系列赛，中国球迷一定都记得，因为那是姚明唯一率领火箭杀入第2轮的经历。

第1场，作客洛杉矶的火箭在姚明的率领下拿下了比赛，赛后，当时身为中国记者的我主要负责报道火箭方面的内容，姚明则是我报道的重点。我清楚地记得姚明当时赛后高兴地参加发布会的采访。客队球员接受完采访，就轮到主队球员了。而我在姚明离开发布会现场后，需要继续赶往客队更衣室完成后续采访。姚明从发布会现场开门离开后，一部分记者也紧跟离开，我也立即离开。季后赛的采访，每个记者都行色匆匆，我跟在这一大队记者的最后，当我近似小跑地冲出发布会大门的瞬间，我看到科比在大门口的一侧站着。不知道他是何时站在那里的，但，显然，他正在由公关陪同准备进入发布会现场，但我冲出的那一刻，他顺势给我让开了道路。

那一刻，我觉得十分尴尬，整场比赛的核心人物竟给我让了路；

那一刻，我看到科比的眼中有一丝阴霾，失利毕竟是让人心痛的事，尤其是对于好胜心极强的科比更是如此——由于时间仓促，我无法揣测他当时的心境，甚至来不及对他说一声“对不起”；

那一刻的科比给人的感觉和赛场上有些不同。赛场上的科比斗志昂扬，你对他的每一次侵犯他都要找机会还回来，那种气势让你感觉他难以接近。而我冲出发布会大门的那一瞬间，看到了科比身上的另一面：忍让、包容、理解。一种和善的感觉在我头脑中浮现。后来，当我再次看到赛场上的科比，那种感觉便再没出现。

片段2：2010–2011赛季西部联盟的季后赛首轮，洛杉矶湖人vs新奥尔良黄蜂，对，那时候的黄蜂还叫新奥尔良黄蜂，而那时的湖人正处在他们冲击3连冠的关键赛季。

科比·布莱恩特、保罗·加索尔联手卫冕了冠军，他们在第3个赛季的后半段强势反弹、战绩飙升，“黑曼巴”更是赛季全勤。赛季中途，我开始跟踪报道湖人，那时我真的相信科比可以率领湖人拿下第 3 个总冠军，从而坐拥 6 冠，比肩迈克尔 · 乔丹。

但首轮湖人就遭到强势阻击。黄蜂在克里斯 · 保罗的率领下先是客场拿下首战，湖人虽保住了第 2 场，且在新奥尔良拿下第 3 场，但第 4 场科比不幸扭伤脚踝，伤势严重，湖人再次吞败。科比在赛后接受了队医的治疗，并出于保护的目的拄上了拐杖。由于要返回洛杉矶备战第 5 场比赛，所以湖人连夜赶回，以便有更多的时间准备。

我记得异常清楚，科比身着帽衫、休闲裤、白色运动鞋在保安的陪同下拄着拐杖，赶往大巴车。我在他离开更衣室前往大巴车的一刹那跟了过去，他在前面走，我在后面紧随。科比低着头，在双拐的支撑下走过漫长的球员通道，一路无话。他经过的每一段路，都有球馆内的工作人员投来同情的目光；他一瘸一拐，看得出心情是凝重的。

在我记忆中，那一路只有科比忧郁的背影是清晰的。

当他走到球员通道通向球馆外面的出口时，已经听到大巴车引擎的轰鸣声。科比停住了，他独自调整手中的拐杖准备离开球馆的安检。这是球员离开球馆的例行检查，受伤的脚让科比无法自如调整动作，他只能临时坐在一张黑色铁椅上，扶着拐杖，让安检人员用扫描器从头扫到脚。4 月晚间的球场外，冷风吹来，凄凉感油然而生，零星等在球馆外的湖人球迷高喊着科比的名字。那一刻的科比像是背着千斤重担，却从没有要卸下的意思，他依然咬着牙，决不放弃。那种始终追求最高境界、永不放弃的精神，在这一瞬间表现得淋漓尽致。

后来的事实证明，在严重扭伤的情况下，科比依然披挂上阵，在接下来的两场比赛里率领湖人淘汰了黄蜂。

片段 3：2016 年 3 月 1 日，湖人主场迎战新泽西网。赛前，湖人已宣布科比因肩伤无法出战，但每位进入湖人更衣室的记者都试图寻找一个舒服的位置等待着科比的出现。

2015–2016 赛季的湖人，除科比外，可以说没有一位明星球员。大部分时间，不时走来走去换衣服的球员都像空气一样在记者面前飘过，也许健谈的慈善 · 世界 · 和平偶尔会被记者们缠住侃几句。其他的球员也都习惯了这种氛围，因为这是科比的最后一个赛季，他们都被问及各种形式的有关科比的问题。有些记者的问题甚至丝毫不加修饰，让被问的球员感觉问题完全与自己无关。

于是，就出现了这种的情况：当你询问坐在更衣室门口的罗伊 · 希伯特是否可以采访时，他的第一句话是：“关于科比的问题吗？”

他的眼里充满厌烦。

于是记者赶忙纠正：“不，只是关于你。”

“OK，那么问吧。”

另一边的快船更衣室同样也受到影响。

举个例子：极受媒体欢迎的保罗·皮尔斯有时也会叹着气拎着浴巾走开，“好吧，后面由杰夫·格林负责回答有关科比的问题。”留下一旁无奈摇头的格林坐在那里。

最后，科比终于出现了。他是从更衣室的球员休息室走出来的，一身黑色西装，挂着金链子。但他没有经过记者等待的区域，在几乎没有记者发现的情况下快速走出了更衣室。但在门外，他还是被一位老朋友遇到，两人寒暄了大约60秒钟，随后，科比转身从更衣室侧门进入了理疗室——实际上，他可以从最开始走出来的球员休息室经过媒体所在的区域更快地进入理疗室，但科比选择了绕路——宣布退役决定后，太多的采访围绕着他。选择绕路的科比无疑是想把更多的采访空间留给球队。

科比生涯的最后一个赛季，球队战绩糟糕，其自身也打打停停，连他自己的更衣柜看上去也毫无生气，就像好久没人用过。冠军早与这支球队绝缘。过去的19个赛季，科比给人的感觉是始终负着重担，而2015–2016赛季的科比，从上到下，都流露出一种从未有过的轻松与释然。

当我完成《科比·布莱恩特：见证》的写作，科比的三句话一直萦绕在我脑海。看似简单的话语，却涵义非常：

第一句：I'm a nice guy,（but）don't tell anybody or you'll ruin my image.

我是一个和善的人，但是不要告诉任何人，否则你就毁了我的名声。

第二句：Friends Hang Sometimes Banners Hang Forever.

友谊诚可贵，志向价更高。

第三句：Dream's done.

梦想已不再。

梦想，之于永不止息的科比·布莱恩特，在或不在这个世界上谁又能说得清楚呢？

2014年8月23日，科比·布莱恩特36岁生日。

这个年龄，迈克尔·乔丹已拿到职业生涯的第六个总冠军，急流勇退，坐拥着一堆总冠军奖杯宣布了退役决定，科比却激流勇进，在跟腱断裂一年后再次站起来，准备在职业生涯的最后两年再拼一把。

在这个年纪，科比还是一心夺冠，他不知道自己还能打几年，但曾扬言要踢乔丹屁股的他依然认为自己是最好的，不曾有丝毫疑惑。

科比·布莱恩特：见证

2014年8月23日—2016年4月13日，斯台普斯中心，我用我的双眼和双手记录下了“黑曼巴”的最后时光

2016年4月13日，斯台普斯中心，犹他爵士96 ： 101洛杉矶湖人，科比·布莱恩特20个赛季的NBA生涯的告别之战。在全场比赛仅剩32秒的时候，他命中了职业生涯的最后一次投篮——正是这次投篮，不仅实现了“黑曼巴”职业生涯最后一次的逆转获胜，而且也将他职业生涯的总得分提高到了33641分，加上之后迫使对方犯规而罚球所得，他的职业生涯总得分最终定格于——33643分。（图片提供 ：CFP）

Chapter 1 漫长的序幕

与吉姆·巴斯冰释前嫌

2013 年 11 月 26 日，科比与湖人完成续约，两年 4850 万美元的合同让科比不仅成为联盟第一薪水拥有者，且使他的职业生涯确定了归宿——他成名并影响世界篮坛的最初舞台，洛杉矶湖人。

17 年前，还是高中生的科比在父母的监护下与湖人签约，当时的老板还是杰里·巴斯。一手缔造紫金王朝的老巴斯于 2013 年 2 月 18 日去世，享年 80 岁。他把湖人所有权分给了他的 6 个孩子：前妻穆勒生的琼尼·巴斯、吉姆·巴斯、珍妮·巴斯、简尼·巴斯，以及女友德梅尔生的乔尼·巴斯和杰西·巴斯。

如今实际掌管湖人的是吉姆·巴斯和珍妮·巴斯兄妹，吉姆·巴斯则拥有更多的操控权。

科比当初频繁与老巴斯打交道，但与他的儿子吉姆·巴斯并不熟悉。两人之间的关系甚至一度僵化。2005 年，吉姆·巴斯敦促湖人要在选秀中拿下 17 岁的新泽西高中生拜纳姆，吉姆·巴斯当时说："我真的在 5 分钟之内爱上了这个孩子。"虽然湖人此后找来"天钩"贾巴尔对拜纳姆进行培养，但踏上 NBA 赛场的拜纳姆却难以让科比满意，他的不成熟和伤病隐患让科比对湖人管理层连连发飙，要求交易拜纳姆。吉姆·巴斯则竭力维护，生怕当年挑中的宝贝白白被交易掉。科比与吉姆·巴斯的梁子算是结下了。

可吉姆·巴斯毕竟是湖人的高层，且对湖人功不可没，当年请"禅师"菲尔·杰克逊再次出山，助湖人拿下最近两尊总冠军奖杯，吉姆·巴斯可谓关键所在。何况拜纳姆此后曾奋发图强，成为科比后来再次夺冠的重要拼图。事实上，老巴斯也已放心地把湖人的管理权交给了他的二儿子。"如果他认为我没本事坐这个位置，他就肯定不会让我去做，而是会选择其他人。"吉姆·巴斯在接受采访时说，"但这么多年来，我陪着他打理每一份合同，参与每一次谈判，讨论每一套阵容，爸爸很信任我，他不会说，'好的，你是我儿子，就让你来做吧。'我可不是这样得到这份工作的。"老巴斯临终前曾提醒他，重现湖人的辉煌并非易事，"你会遭受许多批评，你要有一颗坚强的心，要能够迎难而上才行。"吉姆的回答是："爸爸，只要你相信我，我没问题。"但科比是记仇的，这点谁都清楚。老巴斯去世，科比直接面对的就是吉姆·巴斯。

老巴斯去世后，联盟中挑事儿的一个个跳了出来。达拉斯小牛老板库班曾开玩笑说，建议湖人特赦科比，当时科比还没拿到两年 4850 万的合同，但薪水依然在联盟中数一数二。库班之所以这么说是因为他清楚，科比与现今的湖人老板吉姆·巴斯的关系可没有那么好。

但当吉姆·巴斯最终把那份大合同摆到科比面前时一切疑虑就此打消。两年联盟第一薪水，代表了吉姆·巴斯对科比实力的认可。即使老巴斯在世，估计也提供不出比这更好的合同了。

“吉米（科比对吉姆·巴斯的昵称，称呼的改变象征着两人关系的拉近）和我已经在合同签署后聊过了，从球队的长远看这次谈话十分重要，因为这是他们的球队。”科比说，“我们不会就此一蹶不振，我们需要振作，因为我想要赢球，下赛季就想要赢球。此后两个赛季就要开始着手去做了。”

斯科特 & 科比：师徒关系来得太晚

拜伦·斯科特一直想做湖人的主教练。可以说这个梦想从他开始执教起就在他的脑海里不停敲打、鞭策着他，一旦机会出现，绝对不会错过。

2013 年 2 月 18 日，湖人前老板杰里·巴斯去世的消息对斯科特来说简直是五雷轰顶，因为这意味着他执教湖人的机会前所未有地渺茫起来。

当年“禅师”离开湖人后，斯科特一度看到希望，因为他一直在老巴斯挑选教练的名单当中。可以说他与老巴斯的私交还是不错的。从 20 世纪 80 年代，湖人 SHOWTIME 开始，两人就建立了不错的交情。深谋远虑的斯科特也颇为珍惜地维持着自己与前老板的友谊，他们时不时地联系，就像多年好友一样，即使不见面，也有着一份默契。老巴斯去世，吉姆·巴斯和珍妮·巴斯掌权，对于这两个富二代，斯科特却摸不清底细。一年多后，斯科特执教湖人再现曙光。作为前新泽西网队、新奥尔良黄蜂、克里夫兰骑士主帅，斯科特凭借自己深厚的履历再次进入湖人主教练的选拔范围，并在 2014 年 5 月 20 日接受了湖人的面试，这场面试是认真且严肃的。

在众多竞争对手中，斯科特的优势并非他的执教经历，而是他与科比的关系。他似乎得感谢科比仍在打球。这个自己当初的小队友，现在已成为自己能够执教湖人的靠山。1996-1997 赛季是斯科特职业生涯的最后一个赛季，也是科比职业生涯的第一个赛季。作为精神导师，斯科特进入科比的生活，而这份关系一直维持至今。

“我想我和科比的关系将成为我能否执教湖人的重要砝码。”斯科特说。他在执教湖人之前，还是湖人的电视分析员。“再次重申，我认为我和科比的这份关系真的在我的这次应聘中帮上了忙。科比知道我是一名老派的教练，知道我十分看重防守，而且我认为防守和篮板球是赢得总冠军的关键，因此从这方面来说我俩真是看对眼了。”

与斯科特一起应聘的还有湖人前教练迈克·邓利维、森林狼前教练科特·兰比斯、快船队助教埃尔文·金特里、灰熊前主教练莱昂奈尔·霍林斯，但这份名单在当时是保密的。从经验上讲，斯科特毫无优势。“我想湖人是要聘用最棒的教练，给俱乐部找回当年的荣耀。”斯科特说，“我可是有一些小优势的，因此我认为那个人就是我。”

斯科特这么说，是因为一件事的改变。一开始，湖人在聘用主帅时，总经理库普切克表示不会征询科比的意见。但后来迫于压力，他不得不召开新闻发布会公开表示，科比将在招聘主帅一事上扮演重要角色，而这正是斯科特想要看到的。他知道自己的机会真的来了。

Budweiser

意大利老乡携手创业

2014 年 3 月 23 日，科比宣布了他的下一个角色：商人。科比说，他的公司就叫“科比”，团队也将围绕他来建立，他们将通过评估的方式对项目进行投资。“我总是在不断思考，我究竟想要做到什么程度，这些想法甚至能追溯到 2000 年，但那时仅停留在思考阶段。”在养伤阶段，科比开始谋划自己的未来，其中就包括他的公司。“我们想要拥有自己的品牌，同时帮助其他品牌在体育产业中接受挑战，重新定义。”科比说，“但是如果和体育产业无关，我就不会碰了。”科比的前辈乔丹、“魔术师”退役后纷纷将自己的精力转入商界。乔丹通过和耐克的合作创立了非凡的乔丹品牌。而“魔术师”则让他人去推广自己的名字品牌以盈利。而相比之下，科比的方式则是自己更多地参与其中。“我想亲身参与进某些事，成为真正的企业家。”科比说，“目前这个阶段，我不想再吃赞助费了。”

科比的第一笔投资也在当天宣布：他将着手运营体育功能饮料 BodyArmor。该饮料富含椰汁，为运动员提供更多的钾，而比它的竞争者提供更少的钠。“从创新的角度讲，如果你看这个产品系列，它们一直处于休眠状态。”科比说，“客户已经习惯于接受这个品种的某一产品，因为那是他们所能触及到的唯一产品。某一天突然有另一种产品跳出来说‘现有另一种方式来升级你的运动饮料了’。”

对于这项投资，科比说他投了几百万美元，而这家公司去年的销售额为 1000 万美元，这说服了科比，让他成为该产品的第三大股东；另外两个股东分别是麦克·雷波尔和兰斯·科林斯。雷波尔是“维他命世界”和“智慧水”两个品牌的创始人之一，这两个品牌在 2007 年以 41 亿美元的总价出售给可口可乐；科林斯则在同年以 2.5 亿美元的价格将他的 Fuze 和 NOS 两款饮料同样出售给了可口可乐。

作为股东之一，雷波尔绝非等闲之辈，他的传奇故事感染了科比。雷波尔在澳大利亚昆士兰州一个叫米德的小镇长大，从小到大只有两个爱好：体育和商业。这两个爱好凑在一起总让人感觉怪怪的。“我从来不知道是什么原因，但是它们就那样伴随着我的成长。”雷波尔说。

“我想，据我所知，在 15 岁的孩子当中我是唯一一个同时订阅了两本杂志的人。”雷波尔回忆道，“其中一本是《体育画报》，这本杂志百分之九十的孩子都会订阅。但另外一本是《财富》杂志。我的特别之处在于，我会把这两本杂志从头读到尾。”

30 年后，雷波尔把两个爱好融汇一处，创立了一个坚实的品牌“BodyArmor”。只过

科比将着手运营体育功能饮料BodyArmor，据“黑曼巴”自己介绍，这款饮料富含椰汁，为运动员提供更多的钾与更少的钠。（图片来源：网络）

了 3 年，“BodyArmor”已经可以与 Mega、Gatorade 和 Powerade 抗衡了。这时的雷波尔和 20 世纪 80 年代的雷波尔已大相径庭。

80 年代，在圣约翰大学修完第一个学期后，雷波尔，这个意大利移民夫妇的儿子，成绩差到只拿了 1.0 分的 GPA，他也常为此自嘲。他拿到两个 D，一个 C，以及两个被撤销的成绩。雷波尔知道自己无法继续学习金融了，否则就无法毕业。于是，他转到了体育管理专业，经过 5 年的学习最终拿到学位，以平均 2.2 分的成绩毕业。“对于一位父母都没有经历初级教育的孩子来说，雷波尔足已让他的家庭引以为傲了。”即使代表家庭取得这样的成绩，雷波尔依然要面对艰难的挑战，即未来的事业。那是 1991 年的春天，整个世界对于一向快人快语的雷波尔来说慢了下来，甚至停了下来。

“我曾想成为 MLB 球队纽约大都会的总经理，我还曾想成为圣约翰大学的主教练，但是由于客观原因，当时 22 岁的我无法完成这些。”雷波尔回忆说。毕业后未能很好地完成职业规划，雷波尔在家里待了整整 18 个月，几乎沉迷于电脑游戏，但他依然想着未来的职业规划。他想到饮料或许是可以入手的方面。雷波尔回忆起在昆士兰州当一个小股民时的生活，那时他的收入每小时不到 4 美元，因为他还要花很多精力关注自己感兴趣的饮料市场。“我喜欢观察一些饮料究竟是如何下架的，而另外一些饮料你则每周都要去打扫放在货架上的它们，我想知道为什么一些饮料品牌就是卖得比其他品牌的好。”雷波尔说。他回忆起百事、可口可乐、Gatorade 这些饮料每天都是要上好几次货。“饮料的通道是一个动态的通道。”

90 年代末，28 岁的雷波尔终于与他人联合创造了第一款饮料——维他命水。他没有站在球员坐席前执教球队，也没有在球队办公室执行棒球球员的交易。雷波尔把这一职业作为进军体育界的开始。“你有大的目标，你的梦想就要更大。”

“我很快爱上了市场营销、销售以及品牌的建立、团队的建立。”雷波尔说，“总之，维他命水是我的第一支团队，我作为教练执教他们 10 年。当我们开始做维他命水的时候，我说我们要建立起 10 亿美元的品牌。百分之九十九的人都笑我，另外百分之一的人可能是因为太和善，所以没笑。”

靠着维他命水，雷波尔和他的搭档比科夫创造了高级水系列，公司创立初期销售额便呈几何级数增长。第一年，维他命水的销售额为 100 万美元，第二年 300 万，第三年 900 万。“我们全力开动了。”不惑之年的雷波尔回忆说，“上帝保佑，我们赢得了一系列冠军。2007 年 5 月 27 日，我们那个小公司以 41 亿美元卖给了可口可乐。一家从两名雇员起家的小公司，最终发展成为近 600 人的公司。维他命水卖给可口可乐意味着每一名员工资本的变现，其中 400 名员工拿到超过 50 万美元的回报。”雷波尔把这事当作生意场上最令他自豪的事。

“我的父母和祖父母跟我说，只有学会分享，成功才最有意义。”雷波尔说，“那不是我一个人完成的，是 600 名雇员的努力。不是 600 名雇员被改变，而是他们的生活被改变。不管维他命水发展了 5 年还是 50 年，因为我们的成功，几代人将被改变。”

一年后，雷波尔加入 Pirate's Booty 纯天然速食，成为最大的个人股东及运营经理。5 年内，他帮助该品牌的销量扩大四倍。2013 年 B&G Foods 以两亿美元收购了 Pirate's Booty。

过去的 20 多年，雷波尔注意到消费者正不断将注意力集中到体育饮料上来。体育饮料缺乏多样性，且含有人工香精，这激发雷波尔创造了一种以椰汁为基础、富含电解质、维他命、氨基的饮料 BodyArmor 。2013 年，BodyArmor 的发展速度已超越当年的维他命水。

雷波尔说：“Gatorade 作为第一体育饮料已经 50 年了，10 年之内，我要让 BodyArmor 成为美国第一，15 年之内，我想让 BodyArmor 成为世界第一体育饮料。”关于科比的加入，他说：“我们很荣幸能让这样一位出色的球员融入我们的团队，我很有信心，我和科比过去谈了几个月的时间，一旦他退役，他将成为一位如他篮球职业生涯一样出色的企业家。”

科比则说：“我可以预见，未来同样充满压力、痛苦、喜悦，也将是一段神圣的旅程。”

“魔兽”球衫还在卖

湖人用两年4850万美元签下科比后，科比在Twitter上用“Laker4life（一生为湖人）”表达了对湖人管理层的谢意。关于此事，TNT名嘴查尔斯・巴克利调侃道，湖人这是为省下一大笔季后赛门票钱，因为湖人根本进不了季后赛。“我爱科比，他是NBA历史上最伟大的10名球员之一，但我真的认为他和湖人的时代已经远去了。”巴克利认为湖人会比上赛季（2013-2014赛季）的27胜55负好得多，但要在豪强林立的西部有所作为，几乎不可能。

看看湖人2014-2015赛季的阵容吧。先发方面，得分后卫科比，虽依然是联盟一线巨星，但岁月不饶人，加上伤病的积累，显然处于下坡路状态；大前锋卡洛斯・布泽尔，昔日的全明星，梦8队成员，也已英雄迟暮；中锋乔丹・希尔，顶多是个前场篮板好手，得分并不在行；小前锋韦斯利・约翰逊，球风不算强悍，防守还跟得上，但得分是弱项；组织后卫林书豪，亚裔、人气旺，身后有上亿华人粉丝，虽时有爆发却不稳定，算得上合格的组织后卫，可惜也只是联盟中游水准。

替补最拿得出手的就是尼克・扬，天生第六人的苗子，进一线有困难。2014年的7号秀朱利叶斯・兰德尔，有天赋，但在揭幕战便小腿胫骨骨折，赛季报销。兰德尔在湖人赛季开始之前还是值得期待的，2014年NBA选秀被誉为另一届“黄金一代”，而兰德尔选秀顺位高居第7，出身肯塔基的他在ESPN全美高中第13届榜单上排名第2，仅次于贾巴利・帕克，在Rivals的同类榜单上，排名第3。这位灵活的大前锋如果能够保持健康的话，科比的进攻重担或许真的可以得到一定程度的缓解。剩下的泽维尔・亨利、韦恩・艾灵顿之流，就是板凳第7、第8人的水准了。

“这支球队的天赋或许有缺陷，但你永远不能忽视拥有一个健康科比的湖人。”同样是TNT当家主持的“大鲨鱼”奥尼尔为自己当年的队友科比说了句公道话。

湖人拥有豪华内线的历史似乎提醒着科比，球队将难有所作为。霍华德、加索尔相继离去，交易来的布泽尔充其量只是个矮个子大前锋。洛杉矶LAX国际机场的商店里，依然销售着霍华德的球衣，99.9美元，没有折扣。霍华德离开已一年，难道这里的零售店老板还难以释怀？

《体育画报》又一次用科比当了封面，一身休闲装扮的科比坐在那里，老态尽显。即将年满 36 岁的科比承认，自己的球龄已到了 70 岁。湖人主帅拜伦·斯科特在当地一所高中做演讲的时候被一名好奇的学生问住了。学生问，去年因为左脚跟腱和左膝伤势只打了 6 场比赛的科比，是否会在新赛季先发登场？“你不是真的在问我这个问题吧？你不是认真的吧？”斯科特的小胡子翘了起来。他稍作停顿，而后肯定地表示，新赛季除了科比之外，其他人都需要靠努力来竞争首发席位。

斯科特是一名老派教练，作为 20 世纪 80 年代湖人 SHOWTIME 时期的重要成员，斯科特一向以训练刻苦、打球认真著称。他对即将执教的湖人球员也会保持严厉作风。“据小道消息，他们练得非常苦。”即将加入训练营的雷恩·凯利说，“我听说球场两端都会常备垃圾桶，以防球员们练到要吐。”

训练刻苦对好胜心极强的科比根本不是问题，他的问题是带伤上阵。“科比的身上曾发生过威胁教练组让自己上场的事情。当他还是一个孩子的时候，我就已经认识他了，但他是一个赢得过 5 个总冠军的家伙。”斯科特说。“首先，我不会被任何人吓倒，所以那将不会是个问题。但是他必须从我这里知道这件事情，当我说‘不，你不能登场’的时候，我会在事后向他解释。我喜欢场下的他，同时也喜欢场上作为球员的他。但再次声明，我不会为了试图赢得一场比赛而牺牲他的身体。”

科比也从来没有懈怠。为了巩固来之不易的恢复成果，他在训练营开始前去往德国慕尼黑拜会著名医师汉斯·沃尔法特。沃尔法特是拜仁慕尼黑俱乐部的队医，在伤病治疗领域具有相当权威。他曾帮助“牙买加闪电”博尔特恢复，博尔特把他称为“世界上最好的医生”。在慕尼黑的短暂逗留期，科比在餐馆用餐，周围的食客被科比的出现惊呆了，纷纷掏出手机拍照，并在社交媒体上分享，而科比则办完事就赶忙返回了洛杉矶。

“黑曼巴”实力列第 425？

就像每个赛季的保留节目一样，赛季开始之前，ESPN（娱乐与体育节目电视网）的球员实力排名又开始了。

ESPN 喜欢搞这一套。该网站的专栏作家中也诞生了一群数据专家，从 ESPN 直接前往灰熊任篮球事务部副总裁的约翰·霍灵格就是一例，他提出的霍灵格效率值（PER）为大家所熟悉。所谓“PER”就是 Player Efficiency Rating（球员效率值），即用数据来分析 NBA 球员效率值。霍林格自 1996 年起在网上撰写篮球分析，并建立了自己的篮球网站“Alley-oop”，他还撰写了多本篮球方面的著作。他曾在俄勒岗一家报纸的网站（Oregon live）部工作，还曾是《体育画报》网站的编辑。2005 年，他加盟 ESPN 网站，随后的 8 个赛季都在 ESPN 工作，是当时最优秀的数据分析师之一。

霍灵格不是纯写手，偶尔会挂着采访证去赛场，理论结合实际，同时也结交了不少 NBA 高层，这也是他日后成功的原因之一。2012 年 12 月 15 日，孟菲斯灰熊官方宣布已聘请他担任球队篮球事务运营部副总裁，从而进入灰熊管理层。一个崇尚数据几近疯狂的网站资深写手，常年浸泡于篮球经理人游戏之中，对联盟 300 多名球员的数据了如指掌。从任何一个球馆的球员通道走过，每看到一名球员，他的眼前都会刷出一串数字。不可否认，他到灰熊之后，虽然 O.J. 梅奥、鲁迪·盖伊等青年才俊一一被交易，主教练霍林斯也卷铺盖走人，但灰熊的战绩却蒸蒸日上。

ESPN 的数据能力不容小觑，一个简简单单的球员战力排行榜，就会让整个 NBA 联盟，上自超级巨星下至球队边缘人，都暗暗关注着，瞅瞅自己到底是吃几碗干饭的料。排名高出自己期待的自然皆大欢喜，称赞 ESPN 独具慧眼，排名低于自己预期的则说要笔杆子的分析人员不懂篮球。

这一次，联盟最耀眼的球星之一科比被排到了第 40 位。当此事传到科比那里时，他只说了一个词——“白痴”——去年排第 25 位时他差不多也是这个反应。不仅科比，科比的粉丝也不干了。ESPN 用一副早有预料的口吻出来圆场：“对此事外界的反应不外乎两点：一是我们的确疯了。二是我们没有对‘黑曼巴先生’表达足够的尊重。事实上，从尊重的角度来看，我们已经‘严重高估’了科比。在对 NBA 球员进行评估的时候，‘尊重’是最没有价值的评判标准。如果我们将科比与其他球员同等对待，他早已不是可以进入联盟前

尽管ESPN认定科比的实力在NBA仅排第425位，但从文章配图的角度看，他们依然承认科比在全世界的影响力。（图片来源：ESPN截屏）

25 位的球员，甚至永远无法再接近这个层级。再明确一点，科比是上赛季最糟糕的球员，一个身背 3000 万合同的灾难。相比于前 25 名的球员，科比似乎更应该排在前 425 名的名单里。”

赛季还未开始，ESPN 已跟科比公开叫板，他们不在乎 ESPN 在洛杉矶的驻站记者此后能否和科比搞好关系，因为科比打不了几年了。两年之后科比将退役，这已是大家心知肚明的事。

说到 ESPN 的驻站规则，其实也很有讲究。最有名的当属勒布朗·詹姆斯和 ESPN 记者布莱恩·文霍斯特之间的关系。后者曾是克利夫兰当地报纸记者，从詹姆斯高中时期就大量报道“皇帝”，他的业务和为人都很好——不仅深得詹姆斯信任，在媒体圈内也有口皆碑。于是，在詹姆斯宣布加盟热队后，ESPN 将其挖过去，专跟迈阿密和詹姆斯。很多次，詹姆斯结束群访后会和文霍斯特聊上一阵。相比之下，ESPN 驻洛杉矶记者戴夫·麦克梅纳明在报道湖人的记者圈里并没那么突出，相比《洛杉矶时报》的几位老记者和华裔记者凯文·丁来说，他与科比的关系也没有那么近。

显然，ESPN 已不在意他们与科比这个大腕的关系了，他们知道科比能打的日子已经不多。

可惜没人敢揍科比

洛杉矶斯台普斯中心门口已经竖起四尊铜像。“魔术师”早在 2004 年就为自己占好了位置，经典的控球指挥形象落落大方，也是球迷合影最多的雕像。杰里・韦斯特老爷子不甘落后，2011 年在球馆门前为自己的雕像做了剪彩，形象自然是“标志男”的标志性动作——NBALogo。20 世纪 60 年代，纽约设计师设计好 Logo 后承认，原型就是杰里・维斯特，但 NBA 官方并没承认，因为这样他们需要支付大笔肖像费。2012 年，憋屈了好几年、一直挂念雕像一事、整日苦大仇深的阿布杜尔 - 贾巴尔终于长出一口气，其雕像与“魔术师”的雕像交相辉映，算是给自己荣誉无数的职业生涯做了一个交代。雕像竖立前，老家伙牢骚不少，湖人首席公关兼副总裁布莱克好说歹说才把他哄好。

还有一尊雕像是湖人的传奇解说员奇客・赫恩的。他本名弗兰西斯・戴尔・赫恩，据说因年轻时喜欢恶搞，收到过一个装有小鸡（Chick）的恶搞礼盒，此后便被叫做奇客（Chick 的音译）・赫恩。早在湖人从明尼阿波利斯迁到洛杉矶之前，他就已经干解说员的工作了，且为湖人一干就是 41 年，还保持着 36 年的出勤纪录。赫恩获得过两届艾美奖，该奖项是表彰电视行业的突出贡献者的专业奖项。为表彰赫恩的突出贡献，洛杉矶市区 11 街湖人主场斯台普斯球馆那一段被更名为“奇客・赫恩赛场路”。也许你并不了解他，但你知道的不少篮球术语，如 Slam Dunk、Airball、Alley-oop 都是他的独创。

如今，经过球馆的球迷们不时张望着，期待有一天科比的雕像能够出现，但除了迈克尔・乔丹，NBA 还没有过给当打球员竖立雕像的例子。1994 年 11 月 1 日，当时只拿到三枚总冠军戒指的乔丹便目睹了自己铜像的揭幕仪式，由于父亲的死，他那时已宣布了其职业生涯的第一次退役。科比在 2014-2015 赛季时已拥有五枚总冠军戒指，虽然在综合荣誉方面与乔丹还有些差距，但不可否认科比已是这个时代 NBA 的标志性人物了。

作为各方面均最接近乔丹的球员，科比从潜意识里已把乔丹的各种荣耀当做征服的对象，他甚至嫉妒乔丹身边有那么一个多才多艺的皮彭。科比曾说，他和乔丹的职业生涯其实是完全不同的。在五次夺冠的过程中，科比身边的明星搭档分别是两位内线球员——奥尼尔和加索尔，这就使他必须承担更多的控球任务，这就是他格外羡慕乔丹身边有一位“组织前锋”皮彭的原因。“我必须同时打控球和得分后卫。”科比说，“所以我一直都嫉妒他（乔丹）身边有斯科蒂・皮彭。对于一个天生的得分手来说，同时担任控球和得分的职责是非常令人困惑的事情。在我们的比赛和发展过程中，我必须更多扮演控球的角色，特别是和

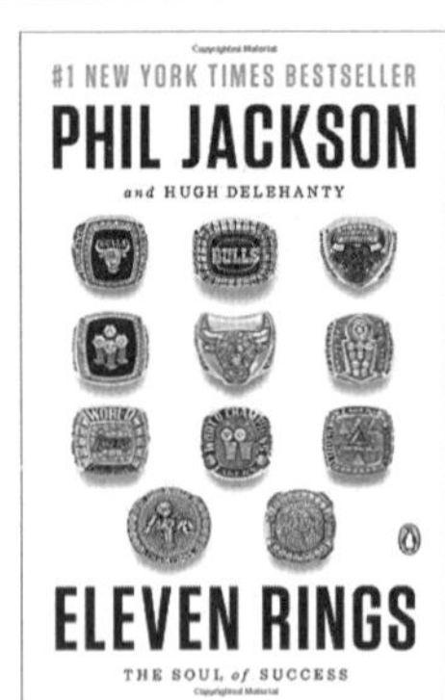

《11枚戒指》
菲尔·杰克逊 著
上市日期：2013.5.21
表面讲述的是迈克尔·乔丹、斯科蒂·皮彭、丹尼斯·罗德曼、科比·布莱恩特、沙奎尔·奥尼尔等巨星的奇闻轶事，但实际上，是通过“禅师”如何驯服他们而讲解基督教、东方哲学、心理学、组织学、印第安文化等方面的知识及应用。

沙克一起三连冠的时期，这并非我天生擅长的事情。”

不管怎么说，科比已经到了慨叹自己职业生涯的年纪，生涯的最后这段时间，赢得总冠军已毫无希望。湖人赛季之初在西部一度垫底，争强好胜的科比有时忍不住骂两句队友软得像卫生纸。这种事，当年乔丹也爱干。

勇士队主教练史蒂夫·科尔此前任解说员时就爆料，1995年，在公牛训练营里自己曾与乔丹发生过一次激烈冲突。“我不知道我究竟在想什么，”科尔笑着回忆说，“那是迈克尔·乔丹啊，有史以来最伟大的球员。但我充满了竞争性，我是那种脾气火爆的球员。是的，我是这样的人，不然这次的冲突不会发生。”

复出并输掉对阵魔术的系列赛后，漫天批评涌来，乔丹一心想要重新证明自己。在对位训练中，乔丹与科尔对喷了一些垃圾话，乔丹口无遮拦，惹怒了科尔，然后冲突升级了。“我对他说的一些话很反感，”科尔说，“所以我回敬了他。我想迈克尔不会喜欢那些的……然后我们打了起来，他用手臂顶了我胸口，我推了回去。接下来你们知道的，我们的队友过来拉开了我们。”

刚在一起打了两个月球的科尔和乔丹关系并不好。乔丹离开之前，因电话会议而没能阻止这场冲突的主教练菲尔·杰克逊告诉乔丹，他必须在当天晚上跟科尔好好谈谈。其实乔丹也对瘦弱的科尔能够武力回击感到惊诧，事后对这个白人后卫产生了敬畏之情，敬科尔是条汉子。“那之后，我们的关系完全不同了。”科尔说。两人开始相互尊重和信任。在“禅师”的《11枚戒指》里，他认为那一拳给了乔丹一记警钟，成为1995–1996赛季公牛的一个重要转折点。

乔丹身边有一位充满血性的科尔，而科比身边似乎还找不到这样一位得力的“帮手”，或说一个敢出来揍他一顿的人。

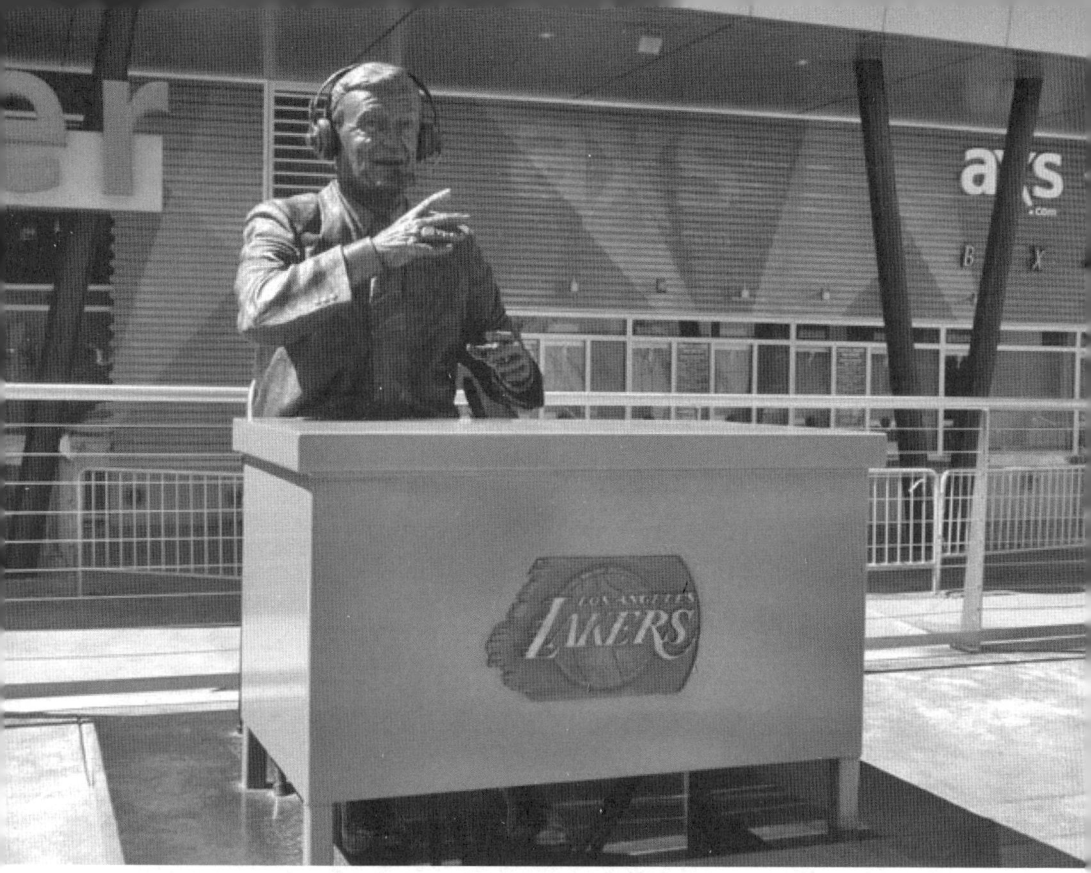

洛杉矶的斯台普斯中心外有许多巨星的雕像，有湖人的和湖人之外的。这里展示的两尊，分别是湖人的传奇解说员奇客 · 赫恩（上）和埃尔文 · 约翰逊。（图片提供：高尚精神 著《向东，去美国》）

联手特雷西·麦克格雷迪，画面太美

在自己漫长的职业生涯中，科比遇到不少好汉，其中不得不提的是 T-Mac。T-Mac 曾对作者提及，他是在菜鸟赛季结识科比的，两人很要好，他也常常待在科比的家中，科比的父母亲也很照顾他，他那时还和科比一起去巴黎参加了阿迪达斯之旅。

科比与 T-Mac 的不同之处在于科比好斗，而 T-Mac 随性一些。性格上的互补让两人有更多的聊天契机。作为 21 世纪头 10 年两大得分高手，科比在往日的采访中总能碰到他与 T-Mac 谁的实力更强的提问。有一次科比来了兴致，便抿了抿嘴，回忆起往事，他记得当初他与 T-Mac 都签约阿迪的时候（推算起来应该是在 2003 年之前，那时科比在阿迪旗下），两人在阿迪的德国商业之旅中曾进行过一对一的对决，科比自豪地表示自己曾几次击败 T-Mac，而后 T-Mac 称自己背部痉挛，便终止了比赛。为了表示自己的回忆没有偏颇，科比特意跟记者强调，可以去问 T-Mac 这方面的事。

此后，有好事之人在 Twitter 上向 T-Mac 发问。出人意料的是，T-Mac 竟对此问题亲自做了回应："我和科比从来没有一起去过德国，但是（这故事）听上去挺有意思的。"

T-Mac 在自己的退役声明中提到，科比曾促使他成为更棒的球员。

2014 年 9 月初，雅虎记者 Adrian Wojnarowski 报道，T-Mac 和科比一同在南加州的体育馆训练以测试身体准备程度，并有可能重返 NBA。T-Mac 在给雅虎的一封邮件中称："是的，我和科比一同训练了，为了保持状态，看看身体感觉如何。"包括 T-Mac 本人在内的多个消息源称，在 8 月份的一段时间里，科比和 T-Mac 每周三天共同训练。作者当时正好临时与 T-Mac 助理联系，他提到前一段时间和 T-Mac 待在洛杉矶，过段时间还要来，并从洛杉矶直接飞往中国参加在 10 月份在多个城市举办的 T-Mac 表演赛。

T-Mac 虽承认曾与科比一起训练，但训练的目的实际上只是准备表演赛而已，并没打算复出。此后，也有媒体提议 T-Mac 加盟湖人，但这些都是球迷和媒体的美好愿望。T-Mac 和科比的联手，想一下就觉得画面太美，可惜不能成为现实。

T-Mac和“黑曼巴”之间1V1谁打爆谁的故事已经是公案了，不过，私底下他们却至今还是非常要好的朋友。（图片来源：网络）

2014 年 10 月，特雷西 · 麦克格雷迪参加武汉站表演赛期间，球迷给他赠送自己绘制的画像。（图片提供：杜金城 著《特雷西 · 麦克格雷迪：转身 II 》）

那些年科比险与湖人分道扬镳

科比在湖人的地位的确不可动摇，队友对他也心存敬畏。然而，回顾其职业生涯，也并非一帆风顺，并曾四次险与湖人分道扬镳。

1.1999 年，“禅师”要用科比换基德、马里昂

1999 年 1 月，科比正式与湖人续约，签下 6 年价值 7090 万美元的合同。“禅师”菲尔·杰克逊在 1999—2000 赛季开始执教湖人，刚一上任就打算用科比交换贾森·基德和肖恩·马里昂。这则内容源自菲尔·杰克逊的日记。

其时，基德效力菲尼克斯太阳，场均 14.3 分、10.1 次助攻，是球队的后场核心，而同在太阳、身为菜鸟的马里昂在场均仅 24 分钟的上场时间里能够贡献 10.2 分、6.5 个篮板、0.7 次抢断和 1.0 次盖帽，且“禅师”很早就发现了马里昂的防守才能。而科比那时的数据为场均 22.5 分、6.3 个篮板、4.9 次助攻，是湖人的外线进攻核心。

那时菲尔·杰克逊之所以想拆散“OK”组合，是因为奥尼尔和科比的矛盾早已激化。早在“禅师”执教湖人几个月前的一次训练中，奥尼尔掌掴了科比。“谁都不会忘记那件事。”费舍尔回忆说。

菲尔·杰克逊和他的教练组开始执教湖人时，他们被科比与奥尼尔之间不和的氛围所笼罩。“他的心里有太多的怨恨。”杰克逊身边的助教泰克斯·温特提起奥尼尔时说，“他把他的想法在球队会议中表达了出来。他说的东西都充满了怨恨。科比则无动于衷，继续我行我素。”

于是，“禅师”打算清理科比，一劳永逸。“禅师”认为这是一桩双赢的交易，太阳得到偶像球星，而湖人则获得更衣室的和谐，从而齐心协力争取冠军。“禅师”有胆量这样做，是因为他率教练组入主湖人时，老板杰里·巴斯曾亲口许诺给他人事建言权，但那时杰克逊显然还不清楚杰里·巴斯对科比有多器重。那个所谓的建言权并不是人事任免权，因此杰克逊与太阳总经理科朗吉洛达成的协议最终告吹。交易提案遭到了杰里·韦斯特和老板杰里·巴斯的否决。当时的总经理韦斯特告诉杰克逊，湖人老板杰里·巴斯永远不会把科比交换出去。

杰克逊的女友，杰里·巴斯的爱女珍妮·巴斯向杰克逊吐露了实情：“作为职业球员，

科比至少还有 14 年的好光景。菲尔，你永远不会明白，他对老板意味着什么。这就好像把钱存进了银行，正因为有了科比这样的超级明星，我们才能卖光每个赛季的季票。”

杰克逊的交易提案也泄露出去，导致他与科比的关系开始紧张。

2004 年，“禅师”在他当时出版的那本《最后一季》中，仍坚持他当初交易科比的想法。他坚信基德、马里昂搭档奥尼尔依然能让湖人取得成功，只不过阵容未必那么华丽。“也许珍妮说的是对的，但我仍然坚信，如果由贾森·基德来领衔，湖人照样能获得成功，也许还不会分裂。基德很无私，马里昂则具备拼搏精神和防守直觉，我甚至觉得，如果那样的话，我们现在也许在为五连冠而战。”

2.2004 年，奥尼尔和科比湖人只能选一个

2003-2004 赛季，“禅师”交易科比的要求又一次被老板杰里·巴斯拒绝。赛季结束，“禅师”与湖人分道扬镳。“我很知足，我离开得正是时候。他们想留下科比，而我正是一块绊脚石。”“禅师”拂袖而去。

早在 2002 年，组建“OK”组合的前湖人总经理杰里·韦斯特离开湖人，前往孟菲斯灰熊就任总经理，“OK”组合关系僵化，没人能从中调和。

事后，韦斯特认为，“OK”组合之所以闹僵，主要原因是管理层缺乏必要的沟通；但令韦斯特无法理解的是，有人非但不愿意挽留“OK”组合，反而火上浇油，这人便是湖人老板杰里·巴斯。奥尼尔在待在湖人的最后一个赛季开始前，就产生了沮丧情绪，“大鲨鱼”感到自己有些不受重视，并公开抨击老板，希望能得到一份丰厚的续约合同。一次球队去檀香山打表演赛，奥尼尔当着众人的面对杰里·巴斯发飙：“你现在能给我大合同吗？”那也更加坚定了巴斯交易走奥尼尔的决心。有消息称，奥尼尔要两年 6000 万美元的天价。巴斯对奥尼尔的身体状态已有所怀疑，奥尼尔在赛季结束后很少训练，在常规赛开始时总是满身脂肪，这令巴斯十分不快；奥尼尔不断开口要钱更令巴斯气愤。“就像对待主教练杰克逊一样，老板巴斯认为是交易奥尼尔的时候了。”湖人一名官员说。2003-2004 赛季，湖人拥有奥尼尔、科比、马龙、佩顿的 F4 组合，是总冠军大热门，为了不影响球队的团结，湖人管理层没有表露他们的倾向，以至于湖人在总决赛失利后，科比依然不知道自己的前途。

2004 年 7 月，科比选择跳出合同，正式成为自由球员。2004 年 7 月 5 日，科比还与丹佛掘金的总经理范德维奇进行了会面，洽谈加盟丹佛掘金一事。

据科罗拉多州联合反对性侵犯案的一位女发言人说：“除非科比是清白的，否则谁签下科比，谁就会不再受到大家欢迎。”当时科比每到丹佛打球总会遭到球迷的嘘声。尽管如此，丹佛掘金还是无法拒绝科比可能加盟的诱惑；同样难以拒绝诱惑的还有快船和公牛。

当时的情况是，科比并不知道巴斯的决心，他认为巴斯会在奥尼尔和自己之间最终选一个。他需要尽可能多地接触自由市场，为自己未来的发展寻找更多的机会。

7 月 15 日，湖人和热队完成交易，奥尼尔加盟热队，而湖人则得到了卡隆・巴特勒、奥多姆、布莱恩・格兰特和一个未来的首轮选秀权。最终，科比的选择范围锁定在两支球队：一支是他一直效力的湖人，另一支是湖人的同城兄弟快船。尽管老板巴斯已做出一切可以证明他希望得到科比的事情，包括将奥尼尔交易到热且辞退了菲尔・杰克逊，但最终的决定因素还是落在了金钱上。由于湖人能够提供给科比更大的合同，科比最终推掉了快船 6 年 1.06 亿美元的报价，选择了湖人提供的 7 年 1.36 亿美元的合同。就在奥尼尔离开湖人的第二天，科比便迅速与湖人签约。

3.2007 年，科比提出交易请求

2006–2007 赛季，湖人在季后赛首轮再遭太阳淘汰；2007 年 5 月 28 日，科比表示如果前任湖人总经理杰里・韦斯特不能回来就职，他就要求被交易。当时的科比已把目标指向公牛和尼克斯。

湖人在 2004–2005 赛季无缘季后赛，随后的两个赛季都在首轮被淘汰，科比和湖人球迷都希望管理层能够有所作为，但他们都失望了。“现在我总算知道了，湖人什么事都没干，压根什么都没想过。”科比说，“这就是真相，我给他们招募来了球员，而我自己就像个傻瓜。”

“我当时（2004 年成为自由球员时）就问巴斯，‘你是不是在计划 9 至 10 年的重建？还是说立马就开始重建？’他那时在意大利度假，口口声声对我保证马上重建，我相信了他的话。”科比说，“如果他们现在还不思进取，那么我留在这里有什么用？”

2007 年 6 月，科比前往西班牙观看巴萨队比赛，正在中国办事的巴斯本计划先回洛杉

矶再去伦敦，临时改变了行程，前往西班牙安抚科比。科比与巴斯的会谈时间很长，巴斯希望把当时已是 9 届全明星的科比留下，他提醒科比，交易是需要时间的，而且湖人也有夺冠的决心。但据知情人士透露，科比对球队的发展趋势表示担忧，因此希望被交易。知情人士断言：“那已经是最为清晰的信息。”

湖人发言人布莱克则说：“他们的交谈内容，还有巴斯博士与科比之间的事情，都是私人事务，内容将只有他们两个人知道。”

10 月，新的赛季即将开始，没在自由市场取得突破的杰里·巴斯无奈表示，只要条件符合，他支持交易科比。这番话即刻引起连锁反应——科比马上以膝盖疼痛为由缺席训练，二十多支球队蠢蠢欲动，其中最积极的当属公牛、小牛，而奇才、火箭、尼克斯也加入其中。巴斯给科比打了电话，让他到自己在洛杉矶的家中来。湖人已为科比准备好了一笔交易，只要科比放弃“交易否决权”。

“底特律。”杰里·巴斯说。

但老巴斯随后告诉科比，这不应该是他选择的目的地。湖人当时已经同意将科比送至底特律活塞，从而换来底特律的冠军班底核心球员以及一些选秀权。巴斯和库普切克急需科比的答案，因为他们不想将事情拖到训练营开始时。

在老巴斯动情的挽留后，科比强制执行“交易否决权”，交易没能达成。“我突然想到，我真的不愿意离开巴斯。”科比说。

4.2013 年，“魔兽”要求特赦科比

2013 年夏，在湖人效力了一个赛季的“魔兽”霍华德成为自由球员，但还没确定自己的下一站。霍华德及其经纪人曾多次在与湖人高层谈判中暗示，如果科比在 2013-2014 赛季后继续留在湖人，那么霍华德将很难与湖人续约。“魔兽”甚至曾询问湖人管理层是否会特赦科比，或是给科比的退役确立一个时间表。不过，霍华德得到的答复令他很失落，湖人高层表示，这件事应该由科比自己决定，这不是球队应该考虑的。

“这是科比的球队还是霍华德的球队？”消息源表示，“这是谁来接管球队的问题。”

霍华德想要科比交出湖人权杖还另有意图。2013 年 6 月霍华德曾与快船老大克里斯·保

罗讨论过在一起打球的可能性，两人都想在同一支球队打球。如果湖人能特赦科比，然后交易走保罗·加索尔和纳什，湖人将腾出足够的薪金空间，签下保罗。保罗与霍华德在一起打球的决心是真实的，保罗此后还曾为霍华德加盟火箭给火箭老板莫雷打了电话，差点加盟火箭。

客观来讲，霍华德的未来的确比科比更具吸引力，尤其是保罗还有可能加盟。如果像2004年放弃奥尼尔选择科比那样，湖人是有理由满足霍华德要求的。而科比当时也听到了相关流言，他和新老板吉姆·巴斯之间并没有与老巴斯之间的那种信任。

霍华德跟保罗谈合作是有底气的。霍华德于2012年夏天加盟湖人时，湖人便竭尽全力保证，全队将把27岁的霍华德看做是球队未来的主人，科比将在不久的将来把权力交给他。但2012-2013赛季结束后，在一次采访时科比表示，自己至少可以再打两到三年。听到科比的这番言论，霍华德对湖人此前的保证产生了怀疑。

霍华德最终向湖人开出留下的两大条件：解雇麦克·德安东尼和特赦科比。湖人方面却告诉霍华德在这方面要耐心，让他再等几年。当时已快28岁的霍华德已经等不起了。

“德怀特看起来并不想和科比继续打上两三年。”吉姆·巴斯获知霍华德的态度时表示，“但我要站在科比这边，因为他有着特别的历史。”

2013年7月6日，霍华德通知湖人，湖人总经理库普切克在官网发表声明确认：霍华德将不会与球队续约。库普切克在表达遗憾的同时，也祝福霍华德一帆风顺。同时，霍华德在推特上表示，他已经决定成为休斯敦火箭的一员。在35岁的科比和28岁的霍华德之间，湖人选择了前者。

“我真的觉得我加盟湖人的时机不对。”离开湖人的霍华德这样说，“或者两年前，或许两到三年以后，都比现在好。这并不是说湖人队不好，只是时间不合适。在球场上需要将全队凝聚起来才能获得胜利，但并不是每个部分之间都很合适。”

对于霍华德的离开，科比则表示：“谈论这个就是浪费时间。每个人都是不同的，我们的领导方式不同。显然，我、‘魔术师’、贾巴尔，我们都有不同的方式。”

米奇·库普切克的回答意味深长

就算湖人 2013-2014 赛季战绩糟糕，科比身上依旧有值得关注的看点。

“他每一年都面对不同的挑战。”库普切克说，“早几年，他的挑战是独自带队去赢得冠军。而过去两年，我觉得这个目标没变，只是因为他膝盖和跟腱的伤势，让他迎来了全新的挑战。谁都想赢得总冠军，可他遭遇了两次重伤。‘我能够在那么大的年纪重返巅峰状态吗？’在我看来，这个挑战让他充满激情。”

虽然听上去像是湖人总经理的“卖票广告”，但作为科比身边人之一的库普切克还是非常了解科比的情况的，所以当他说出“这份合同是科比最后一份合同”时，基本上不会有什么出入。

“不管是我自己的感觉，还是从他那里得知，所有的迹象都在表明，这份合同将是他最后的一份合同。”库普切克在 2013 年 12 月初的一次采访中表示，“如果还有人想三年后再买票看科比打球的话，我觉得还是不要这么做。别等了，今年就买票吧。”

库普切克的话意味深长。今年就买是什么意思，难道明年的就不行了吗？毕竟科比的合同还有两个赛季，难道 2015-2016 赛季对科比来说会有什么特殊的情况发生吗？2003 年夏公牛球星皮彭就曾与公牛签下最后两年合同，并在第一年过后退役，成为球队助理教练。今年就买，实在给球迷留下无尽遐想。难道库普切克认为这是科比退役之前最好的一年，此后他会风光不再？

科比的心思你猜不透

曾有人猜测，科比已拿了五座总冠军奖杯，实际上他的心思早已不在球场上；最后两年的合同实际上也只是个过渡，或许最后两年的合同都不会执行完。

科比花 580 万美元买下了位于加州纽波特海滩附近的一处地产，计划将此作为科比公司总部大楼的安身之处。加州纽波特海滩是美国的富人区，该地区年收入达 20 万美元的家庭超过 25%，平均房产价值超过 100 万美元，不少好莱坞明星也在此安家。科比喜欢这个地方，他在这里有自己的别墅，于是决定将科比公司的总部选定在此。科比公司总部位于蒙罗维亚大街 1499 号，占地 1 英亩（约 4047 平方米），办公场所面积达 16550 平方英尺（约 1537 平方米）。科比将公司的使命形容为“拥有并扶持那些挑战和重新定义体育行业的品牌及创意，并将之发扬光大，同时鼓舞全世界”。

ESPN 曾报道说，在 2014 年养伤期间，科比就注册成立了以自己名字命名的公司。

科比对商业帝国的谋划并非这两年才开始，事实上他早就在为此积极准备。

“其实，从 2000 年开始我就有自己的商业想法，那时候还只是想法，现在付诸行动。”科比在接受 ESPN 采访时说。

科比多年来一直在主动电话联系各位商界领袖，从大型上市企业的首席执行官到大获成功的初创企业领导者，其中包括耐克公司的CEO 马克·帕克、苹果的首席设计师乔纳森·伊夫，目的是为了学习他们的想法。科比没读大学，从高中直接进入了 NBA，但他见缝插针给自己充电，为进军商业积累知识。2014 年初随湖人作客波士顿时，他还没有复出，也没有恢复训练，在球队抵达波士顿训练的间隙，他去波士顿学院旁听了国际营销的课程。当时，老师纽金特讲的正是一个 NBA 成功的营销案例，科比认真做笔记，还向老师提了一个问题，惊呆了在场的 39 名学生。

依靠在职业生涯获得 2.8 亿美元薪金以及 3 亿美元代言费，科比有足够的资金开拓自己的商业帝国，而科比公司的首笔投资是新兴运动饮料 BodyArmor。科比将加入该公司董事会，拥有超过 10% 的股权。

科比首次了解 BodyArmor 是在 2013 年，当时科比公司刚成立不久。科比这笔投资并非试水，而是带有很强的前瞻性。“这款产品将会非常具有颠覆性。”科比希望专注于产品的营销和品牌塑造，“我希望为这个品牌打造一个故事，这是多年来我与耐克对我的产品所要求的。”

密码锁

作为当今联盟第一收入的保有者，科比生涯最后两年的年薪将近 2500 万美元，这也许是普通人一辈子也花不完的，但科比依然紧紧地看护着自己的财产。

常规赛时期，科比的赛后采访安排在湖人队的更衣室，他往往在换好衣服后站在自己的更衣柜前接受采访。

在湖人的更衣室里，和其他球队一样，球员的座位体现着他们在球队中的地位。当年二当家加索尔在左面一排的第一个位置，科比则在正对门口那排的第一个位置。两人比其他球员多拥有一个更衣柜，这是特权的体现，他们可以把多余的衣物放在那里，给自己腾出更多的空间。而火箭队则没有这种情况，因为在莫雷眼里，火箭没有不可被交易的球员。当年还在打球的姚明个人东西并不多，自己的东西放得整整齐齐，通常一个更衣柜就足够了。曾经的“小布”算是东西比较多的，但照样也得往一个柜子里使劲儿塞。

当比较科比和其他球员的更衣柜时，你会发现科比的更衣柜上层储物箱上是个密码锁，黑乎乎的一个密码罗盘探了出来；别人都只是简单的钥匙锁，一些角色球员的更衣柜更简单，钥匙就插在锁上，门大敞着就去训练了。但科比的柜子关得很严，估计里面放的是他的首饰之类的东西。

密码锁可以让科比安然地离开。毕竟这里是湖人的更衣室，每年季后赛会有来自全美各地、乃至世界各地的记者到这里来采访，人物形形色色，一旦丢了东西，采访结束后都没地方去找。

科比可以坐私人飞机上下班，看得出他是个舍得给自己投入的人，但并不等于不重视个人财产，那小小的密码锁就能说明一切。

《Second Wind》
比尔·拉塞尔 著
上市日期：1980.12.12
书的译名可以很多，比如《第二次风》《又来精神了》《缓过劲儿》等等，与之同名的有法国文学作品、爵士乐专辑，但这本回忆录比尔·拉塞尔确实写得精彩——其实，是他与普利策奖获得者、历史学家泰勒·布兰奇合作的，文笔自然要超过所有的NBA球星了。球迷们知道得更多的则是《拉塞尔法则》，与篮球更近嘛。

暗地里读了“指环王”秘笈

“指环王”，拥有11枚总冠军戒指的比尔·拉塞尔在自传《第二次风》（Second Wind）中透露，他在1956年加入凯尔特人后便形成了研究自己队友的习惯。拉塞尔用的词是“scout”，是刺探的意思，这一动词一般只用在对方球队身上，但拉塞尔把它用在了自己队友身上。拉塞尔表示，他想让队友扬长避短，如果不清楚队友的特点，这一点是难以做到的。因此，他一直在研究自己的队友，日常的训练课、赛前的投篮训练、球队的对抗训练，甚至比赛中坐在场边休息的时候他都不会放过机会。他在自己的头脑中建立了一个资料库，他会适时提取这些资料，根据队友的特点采取措施。他明白自己需要帮助队友变得更好，并一直坚信这个道理。

拉塞尔透露，有一位球星曾贪婪地吸取他书中的秘笈，尤其是“刺探队友”这个概念。NBA著名记者比尔·西蒙斯曾问拉塞尔这个人是不是詹姆斯、保罗、纳什或者杜兰特，但拉塞尔静静地摇了摇头，说出了科比的名字。

除了科比之外，没有任何球员向他提起过拉塞尔书中的这个概念。

科比和他的私人直升飞机。
（图片提供：段冉 著《科比·布莱恩特：全传》）

私人直升机线路揭秘

科比与其他 NBA 球星不同的其中一点是，他是乘直升飞机上下班的，也就是说他去洛杉矶训练或是去主场比赛都是乘直升飞机去的。

科比的家位于洛杉矶的纽坡特海滩，位置要比市区靠南，隶属于橘县。请注意，洛杉矶隶属洛杉矶县，而纽坡特已隶属于洛杉矶南端的橘县。相比于洛杉矶县，橘县的富人更多，消费水平也更高。“魔兽”霍华德效力湖人期间也曾花 2000 万美元在纽波特地区买过一幢别墅。纽坡特海滩阳光明媚，棕榈树高大挺拔，街道干净、空气清新、豪宅林立，高尔夫球场随处可见，公路上不时开过几辆豪车，让人眼前一亮。

科比要坐直升飞机从家飞到球馆并不容易。并不是说科比有私人直升飞机就可以直接从家里起飞，想飞哪儿就飞哪儿。他首先要驱车 20 分钟，从纽波特海滩的豪宅到达同样位于橘县的约翰·维恩机场，然后乘直升飞机，飞 40 分钟后到达洛杉矶国际机场。如要去主场打比赛，还要从洛杉矶机场继续，飞到位于洛杉矶市区的一个小的直升飞机停机楼，这个停机楼距球馆不到一英里。

记者曾到科比的停机楼去考察，实际上那只是一座私人停车楼。因为共有 7 层，所以从外面看过去，根本发现不了那是直升飞机起降的地方。

通常，科比在比赛日下午抵达，从楼顶直接乘专用电梯下楼，在那里会有专车接他到球场，而他下楼的这一段根本不会与到这幢楼停车的人相遇。实际上，很多在这里停车的顾客都不知道科比在这里起降直升飞机。

又是一个报销的赛季

2014 年 12 月 13 日，湖人客场加时战胜马刺，尼克 · 扬关键时刻面对吉诺比利的超远三分成为获胜关键，赛后他感叹自己身边可是站着伟大的科比呀。科比身边的队友还不适应承担关键球的重任。一天之后，湖人作客森林狼，科比在上半场通过罚球在总得分上超越了乔丹。科比的罚篮用球被直接收作了纪念，明尼阿波利斯的观众起立为科比鼓掌。

2014 年的洛杉矶着实有些特殊，赛季开始不久便进入了冬天，这里所说的冬天是真正意义上的。其实，在有“阳光之州”之称的加州很少有这种情况，往年的冬天都会很暖和，但是 2014 年的 12 月洛杉矶的冬天却冷得要死。最低温度已经打破了 1952 年以来的最低纪录。

阴雨连绵，让平日干燥的土地得到了滋养，但是这里生活的人们有些不适应。因为从来没有穿冬衣习惯的他们大多患上了感冒。科比的状态日渐下滑，甚至出现场场打铁的艰难情形。湖人主帅斯科特打算让科比像马刺那样轮休，他首先试探性地在采访中表露了自己的观点。科比也立刻得知了斯科特的想法。要知道斯科特对科比十分了解，但两人毕竟不是一辈人，多少有些忘年交。科比的心思，斯科特有时也猜不透。他知道科比是好斗的，只要身体健康，他一定会出战。自己贸然叫科比休战，恐怕会影响师徒关系。“一切都听你的安排，教练。”科比的一席话让斯科特吃了定心丸。

于是，2014 年 12 月 23 日，科比第一次尝试休战。湖人主场迎战勇士，看上去是一场必输的比赛。当时勇士在库里、汤普森的带领下在联盟战绩排第一，加上经验丰富的史蒂夫 · 科尔执教，灭掉湖人轻而易举。

但是，意外发生了。那场比赛，湖人众将抱着必输的心态反而放开了，最终 115 比 105，以 10 分的优势战胜勇士。科比的这场休战似乎选择的不太是时候，怎么一休战，队友反倒灭了联盟老大勇士。难道科比成了球队毒瘤？

作为一名有经验的老将，最好的回应就是闭口不谈，静观其变，科比此后战公牛继续休战。老友加索尔重回洛杉矶，加索尔真的给足了科比面子，率队狂胜湖人 20 分。自己砍下全场最高的 23 分，外加 13 个篮板球。侧面上算是帮了科比一把。身穿酒红色西装的科比坐在场边观看完了那场比赛。

赛后两人做了离别前的拥抱，拥抱过后还不舍地拉拉手，直到两人的手臂拉到最长，不可再拉的时候，他们的指尖才不舍地分开了。加索尔似乎在说：“哥们儿，你的手下不好带，我替你教训了他们。”

Kobe Bryant
2013年4月13日

This is such BS! All the training and sacrifice just flew out the window with one step that I've done millions of times! The frustration is unbearable. The anger is rage. Why the hell did this happen ?!? Makes no damn sense. Now I'm supposed to come back from this and be the same player Or better at 35?!? How in the world am I supposed to do that??
I have NO CLUE. Do I have the consistent will to overcome this thing? Maybe I should break out the rocking chair and reminisce on the career that
was. Maybe this is how my book
ends. Maybe Father Time has defeated me...Then again maybe not! It's 3:30am, my foot feels like dead weight, my head is spinning from the pain meds and I'm wide awake. Forgive my Venting but what's the purpose of social media if I won't bring it to you Real No Image?? Feels good to vent, let it out. To feel as if THIS is the WORST thing EVER! Because After ALL the venting, a real perspective sets in. There are far greater issues/challenges in the world then a torn achilles. Stop feeling sorry for yourself, find the silver lining and get to work with the same belief, same drive and same conviction as ever.
One day, the beginning of a new career journey will commence. Today is NOT that day.
"If you see me in a fight with a bear, prey for the bear". Ive always loved that quote. Thats "mamba mentality" we don't quit, we don't cower, we don't run. We endure and conquer.
I know it's a long post but I'm Facebook Venting LOL. Maybe now I can actually get some sleep and be excited for surgery tomorrow. First step of a new challenge.
Guess I will be Coach Vino the rest of this season. I have faith in my teammates. They will come thru.
Thank you for all your prayers and support. Much Love Always.
Mamba Out

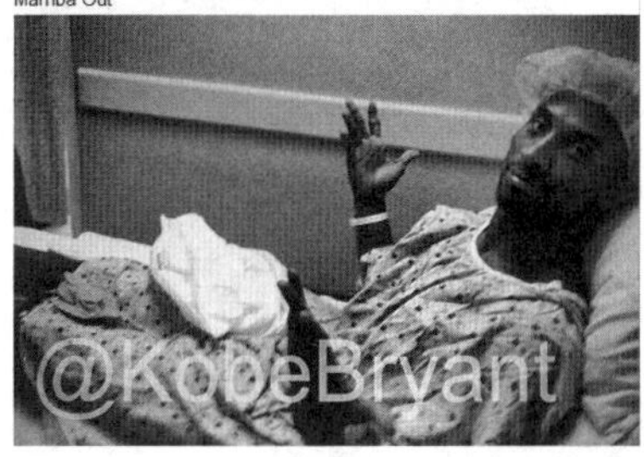

2013年4月13日，在湖人拥有“新F4组合”的2012–2013赛季，宣布赛季提前报销的次日科比便在Facebook发表长文，感谢球迷并鼓励队友们继续战斗。（图片来源：Facebook）

这真是一团狗屎！就是因为这样一个我做了成千上万次的动作，所有的训练和牺牲就这样白费了，真的无法忍受这样的挫折。这该死的一切为什么要发生？谁能给我个解释？要我在35岁的年纪从这种伤病中恢复还变得更好？这怎么可能？？？

我不知道自己是否还有足够的毅力克服这一切，难道我要坐在摇椅上开始回忆自己的职业生涯了？也许时间老人真的打败我了，现在已经是凌晨3点半了，我的脚感觉好沉重，止痛药让我晕眩但意识还是那么清醒。原谅我的歇斯底里，能够把这一切发泄出来感觉很舒服。

如果社交网络不能让我展示真实的自己，那要它还有什么用？这是我遇到过的最糟糕的事情，但发泄过后我可以冷静下来了，世界上有太多比跟腱撕裂更巨大的挑战了。现在我要停止顾影自怜，找回我的自信，带着我一直坚持的信念去继续奋斗。

某一天，我会开始自己人生的新旅程，但绝不会是今天！“如果你看到我和一头熊搏斗，为那头熊祈祷吧。”我一直很喜欢这句话，“曼巴精神”就是绝不放弃，我不会退缩，不会逃跑，我会坚持下去克服一切困难。

我知道自己在Facebook上抱怨了好久，也许现在我终于可以去睡觉了，做好准备迎接明天的手术，这是全新挑战的第一步。

我猜本赛季剩下的时间，我要以“VINO(科比自比陈年美酒)教练”的身份度过了，我始终相信我的队友，他们会挺过去的。

感谢你们所有的祝福和支持，让我感到深刻的爱。

曼巴先走了。

科比休战三场后复出，连打四场，其中面对掘金一度拿下23+11+11的大号三双。接着面对开拓者休战，复出一场战快船，又休两场。复出两场，然后复出战鹈鹕。这只怪鸟已经不是当年的弱旅了。科比在比赛中伤了右肩。

当地时间，2015年1月26日，湖人官方宣布，肩膀受伤的科比经过慎重检查最终决定接受手术，他将在当地时间1月28日正式手术，这也就意味着，他的赛季正式报销。科比被确诊为右肩旋转轴第三块肌肉撕裂。“现在，我们基本都知道科比可能无法在剩余的赛季中继续出场了。”湖人主帅斯科特说。

这已经是科比连续第三个赛季遭遇报销整季的伤势了，此前他先后遭遇了跟腱撕裂、膝盖平台骨骨折等重伤，让他之前的两个赛季全部中途报销，这一次则是遭遇肩膀的重伤，这对于处在职业生涯末段的科比来说，实在是有些悲哀。

2014–2015赛季，科比一共为湖人出场35次，场均得到22.3分、5.6个篮板和5.7次助攻。并且连续第17次成为西部全明星首发。但是随着他的赛季报销，科比将连续两年无缘全明星赛。

四吼林书豪

2014–2015 赛季，科比迎来了职业生涯中一位特殊的队友——华裔球星林书豪。一位是 NBA 的天皇巨星，一位是亚裔市场的领军人物，虽然湖人战绩异常之烂，但靠着他俩也多少挽回了些人气。尽管林书豪和科比都是 8 月 23 日出生，但两人性格迥异，科比个性张扬，林书豪内敛谦卑。两人时常在后场搭档，面对科比这个挑剔的老大，林书豪也没少被数落。

2014 年 11 月 11 日，湖人作客孟菲斯，比赛最后 30 秒，湖人以 102 比 105 落后 3 分，控球的林书豪没有选择将球传给最有把握的科比，反而是和中锋乔丹・希尔配合档拆后，将球回传给站在弧顶位置的希尔，而希尔拿球后直接远投不进，浪费掉追分良机。暂停时，只见科比在场边狂吼林书豪，对他刚才的进攻选择相当不满。赛后湖人随队记者楚戴尔（Mike Trudell）在推特上解密：原来林书豪听错了教练拜伦・斯科特的指示，所以才会将球传给了希尔。

之后灰熊进攻，确定胜局。

十二天后，即 2014 年 11 月 23 日，湖人主场迎战掘金。湖人第三、四节几次取得领先，但在常规时间里还是被追平，倒数 15.1 秒，比分 86 ∶ 86，比赛暂停，湖人讨论由谁执行最后一击。林书豪本打算和科比交流两句，科比即刻爆粗口说："都给我滚开，让我来。"结果科比单干，没有将球传给空位的林书豪和尼克・杨，强行出手不中，湖人最终落败。

几天后，2014 年 12 月 9 日，湖人主场迎战国王，湖人官网记者楚戴尔在个人推特上公布了这么一条信息：在今日湖人与国王一战中，林书豪与科比在场上互吼。

楚戴尔猜测，"书豪大概是对科比因抱怨裁判的判罚而没有及时回防感到不高兴，因此吼了科比"。科比也吼了回来。好在湖人最终取得胜利，科比全场拿到 32 分，最后关头更是起到决胜作用。这样的表现，也令这场小风波烟消云散。至于林书豪，尽管最后关头被摁在板凳上，不过在目睹队友赢球后，也喜笑颜开。

在 2015 年 1 月 2 日又一次对阵灰熊的比赛中，最后 32 秒，林书豪发边线球给科比，准备执行进攻。此时湖人 102 比 106 落后 4 分，科比只用了 8 秒钟，霸气一投，三分球穿心入网，比赛还剩 24.2 秒，灰熊球权。按照 24 秒进攻时限计算，灰熊只要将时间耗完就能取胜。湖人要么采取犯规战术，要么用防守迫使对方失误寻找进攻机会才有可能创造生机。

灰熊发球，退防的林书豪不断望向斯科特，等他发号施令，准备犯规；望了三次，没有结果，斯科特像是走了神。

2014年7月12日，林书豪在东莞篮球学校开设的“林书豪训练营”中参与球迷互动。而在当日凌晨，美国方面传来的消息则是，他被休斯敦火箭交易到了洛杉矶湖人，代价只是1个2015年首轮签、1个2015年次轮签以及一个名叫塞尔吉·里什楚克的球员。（图片提供：东莞篮球学校）

科比在投进三分后号召大家准备防守，但见林书豪迟迟不肯犯规，在后面不断地吼，终于忍不住，亲自做了犯规动作。然后科比瞅着林书豪，指了指计时器，嘴里嘀咕着什么，气愤愤地等着对方罚球。林书豪则有些莫名其妙，不知该听教练的还是科比的。

赛后斯科特表示，是他的责任，他让林书豪稍等一下再去犯规。

林书豪赛后解释说，他看着计时器问斯科特我该犯规吗？斯科特说不，就这样林书豪问了两三次，都没有得到指令。至于科比在后面大吼，林书豪没有听到。

豪宅背后的故事

2014–2015 赛季可以说是科比职业生涯的低谷，“低谷”这一说法也许没错，但更确切的形容是“烈士暮年，壮心不已”。人们心照不宣，此时的科比和湖人短期之内不会再翻身了，而科比也开始把自己的事业重心慢慢转移。

2015 年 5 月 29 日，当新科 MVP 斯蒂芬·库里率队以 4 比 1 拿下火箭，锁定总决赛时，科比在南加州也悄悄达成了一桩交易。他位于纽波特海滩的豪宅以 611.65 万美元的高价售出，创造了该地区房产出售价格新高。2001 年科比从体育经纪人德怀特·曼利手中购入这处房产时仅支付了 170 万美元，但在之后的使用中，他加入了大量的高科技用品，使得该豪宅的舒适度大幅提升。卖掉这处房产的科比不禁长出一口气，他和妻子瓦妮莎在两年前就有意出售该房产了，只不过当时的标价是 859.9 万美元。

乔丹叫卖自己在芝加哥的豪宅始终无人问津，为什么科比却能如愿套现呢？

一方面，乔丹的那处豪宅虽面积更大更豪华，但要价过高，以至于从最开始的 2900 万降至 1600 万都无人问津。另一方面，科比要价这么高是有原因的，洛杉矶是个特别的地方，随着外来人口不断增多，这座国际大都会的房价也在大幅飙升。尤其是中国投资客的大量涌入，更让房价不断高升。洛杉矶的房地产学校也如雨后春笋，房产经纪人越来越多，使房地产在南加州火热异常。科比虽然最开始要价偏高，但最终适当降价，还是吸引到了买家。

从表面看，科比做成了一笔大买卖，赚得很多，但科比真的没捞到钱。

2001 年科比从曼利手中买下这处房产时，这处住宅只做了部分建设，买下后科比对房子进行了大量改装，不但使用了很多昂贵的装修材料，还植入了大量高科技用品，使得这处豪宅舒适且时尚。漂亮以及各项功能一应俱全是科比对房子的要求，这次卖出的豪宅也不例外。4 间卧室、5 个浴室、游泳池、温泉池、美发沙龙、电影院、图书馆和办公室，还包括一个体育馆，另外还有室外厨房，便于进行户外烧烤，可以说你拥有了这个豪宅，很多事情足不出户就能解决。这些都投入不菲。

之所以说科比没有赚到钱还因为此后又有消息爆出，科比购买这栋房产的金额并非 170 万美元。170 万美元是曼利在 1997 年购房时的价格，而科比支付的金额显然比这个报价要高不少。

这栋房产的原拥有者，经纪人曼利，是一位精明的商人，其代理的球星是科比出道时联盟的统治级人物，同时他经商的传奇故事在美国商界媒体口耳相传。

曼利曾是一位成功的古董商。他通过 1857 年沉没的著名的“黄金沉船”财宝售卖获利颇丰。据说这艘“黄金沉船”服役于美国历史上著名的淘金时期，航道是从巴拿马至纽约，用来运送新制成双鹰金币到银行使用。没想到遭遇飓风，425 名船员遇难，黄金财宝都埋在了海床上。据当时的统计，共损失 160 万美元，致使银行无法还清债务，一度引发金融恐慌。一百多年来“黄金沉船”故事一直是个谜团，直到生物学家汤普森在 8500 英尺的水下发现该沉船。

汤普森也因此遭了“金色的梦魇”。曾赔付沉船相关继承者的保险公司纷纷跳出来起诉，要求索回赔付。面对 52 桩诉讼，汤普森最终抗争到底，赢得了 92% 的财宝，而保险公司得到了剩余部分。

在案件进行过程中，曼利参与进来。从 6 岁开始便收集古钱币的曼利，在 23 岁时已是百万富翁，他知道如何经营古钱币。

曼利的营销过程十分艰难。首先，汤普森想要卖个好价钱，曼利从银行借贷只能得到黄金的本价，即 1500 万美元，但曼利最终说服了投资者借给他和他的三个古钱币收集合作者 5000 万美元。此外，他还自掏腰包，用 25 万美元解决了汤普森的沉船打捞银行借贷。后来，曼利举办了专门的展览，请人打造了沉船的复制品，还准备了价值 30 万美元的淘金潮时期的照片，而且门票免费。由于参观不受限制，媒体界制作了多部相关图书和纪录片对此进行宣传，从而促进了曼利对于沉船古钱币的售卖。“它变得越有名，它的价值就越高。”曼利这样说。

曼利的努力最终获得回报，大赚一笔。

别看曼利平时说话细声细语，外表也是一副书呆子相，但千万不要被这些蒙蔽。这个家伙用他高超的推销技巧和谈判能力帮助当时几近破产的“大虫” 丹尼斯・罗德曼成为了最富有的篮球“坏孩子”，而曼利则从罗德曼的薪水中抽成 20% 的高额代理费。“每一件事都要经过我的同意，但是曼利负责开通道路。他让生意发生。”罗德曼说。

曼利从 1995 年 7 月起负责罗德曼的事务。合作之初，罗德曼在自我市场营销方面的能力几乎为零，人们所知道的罗德曼只是一个任性、不守规矩的马刺前锋。当时他有将近 100 万美元的债务，而每年从赞助商那里挣来的钱还不到 10 万美元。人们都认为罗德曼是商业主管的噩梦，而曼利则不信这些流言。这是他 1993 年在拉斯维加斯结识罗德曼时所做出的

科比位于纽波特海滩的豪宅外景图以及腾讯驻洛杉矶记者段冉受邀访问时拍摄的内景图。(图片提供：段冉著《科比·布莱恩特：全传》)。

结论，他相信自己发现了沙漠中的钻石，这颗钻石只需抛光。1995 年的休赛期，罗德曼搬到了曼利在橘县的房子，并把自己的场下事务全部移交给了曼利。

从那时起两人成了好朋友，他们都曾有过失意的经历，这个共同点让他们截然不同的个性不再成为交流的障碍。虽然罗德曼是明星，但曼利从不惧怕批评罗德曼。“罗德曼那时常常说他对马刺感到恶心，他不想打了。”曼利说，“我对他说，你还有合同在身，得好好打。他说‘去你的！’但是这事让他知道我不会每件事都跟他说‘Yes’。”

作为经纪人，曼利的第一个任务就是让罗德曼继续打球。当时罗德曼坐在曼利的家中，盯着墙两眼发直，一直嚷着“我不打了，我不打了”，而曼利为罗德曼拉到的唯一赞助就是一则灵媒热线的电视广告，所得费用 12500 美元。

1995 年 10 月，罗德曼被送至乔丹领衔的芝加哥公牛，在“禅师”杰克逊的指导下改变了思想，篮球生涯也迎来转机，商业上的转机也随之出现。曼利与杜拉克特出版社达成协议，出版了罗德曼自传《我行我素》，销量超过 80 万册，迅速为罗德曼塑造了个性的形象。罗德曼和电影明星尚格云顿连袂出演的电影《双重火力》也在 1997 年如期上映。电影的上映为罗德曼拉来了几个快餐店的广告；此外罗德曼还与柯达签约，成为美国谐星比尔·寇司比之后柯达的首席代言人。这些合作以及其他的小合同让罗德曼 1996 年的非篮球收入高达 900 万美元。

在曼利的指导下，罗德曼还与世界摔跤协会签约，赚钱的方式花样百出，而且这些机会和他与公牛续约不无关系。罗德曼对公牛的报价是 1000 万美元，这对于他这样一个蓝领球员来说算是高价了，比公牛提供的合同多出几百万。曼利帮助罗德曼将薪水从 1995-1996 赛季的 250 万美元提升到 1996-1997 赛季的 900 万美元，薪水暴增。“这次谈合

同没什么压力。”曼利直言，“压力是此前花500万购入钱币，而又不得不在口袋里不足100万的情况下卖掉它们赚钱。”

1997年1月15日，罗德曼干了件蠢事，踢了明尼阿波利斯场边的摄影师。“比起这次麻烦来说，他此前干的那些简直是小巫见大巫。”曼利说。

曼利担心的并非罗德曼可能面临的11场禁赛或25000美元的罚款，他担心的是之前和匡威总裁鲁普商定的200万美元的合同，而签约时间正是踢人的后一天。受害人指控罗德曼殴打。鲁普对是否与罗德曼签约犹豫不决。“我得看这事怎么解决。”曼利说，“我感觉我们完了。”最终曼利找到了办法，罗德曼自掏腰包，20万美元了事，受害人撤销指控，此事就此平息。罗德曼在禁赛后被允许在全明星赛后回归公牛，虽然2月份的膝伤让他常规赛报销，但匡威的合同还是到手了。“如果生活把你切成了柠檬片，你就应该想法去做柠檬水。”曼利说，“我们最终做了柠檬蛋酥饼。”

除罗德曼外，曼利还有一位出名的客户，那就是“邮差”卡尔·马龙。在曼利的帮助下，马龙拿到了4年总价值6700万美元的大合同（此前其薪水只有每年500万美元），这在当时可说是天价合同。这些事都是科比出道那年发生的，可以说科比对此记忆犹新。

与纽约洋基队长联手

2015年10月，科比参与到一家体育网站"The Players' Tribune"（球员论坛）的运营，该网站的创立者为前洋基队长兼游击手德瑞克·基特。基特在2014年12月创立了该网站，科比想更进一步。

10月27日，"The Players' Tribune"宣布成功融资1500万美元。科比通过自己的投资公司与风险投资公司New Enterprise Associates合作，投资了"The Players' Tribune"，该网站称科比的投资对于他们这个平台来说至关重要，并表示，这次融资将帮助这家只有一岁的网站拓宽和发展多重编辑资源，其中包括写作、摄影、播客以及电台，这将有助于发展网站的视频内容，包括流行系列产品。

"通过'The Players' Tribune'，基特和他的团队已经建立起一些特殊的东西。为运动员设立的平台将拥有他们特别的故事，也是将他们向球迷呈现的最有利工具。"科比说，"通过这次投资以及我个人的加入，我期待加入该网站的未来计划。帮助这个团队推动内容和技术的创新。"

基特则表示："科比和我有很多共同的地方，不只是我们对于赢球的渴望，我们在体育媒体报道和增进球员与球迷互动方面分享着我们的共同看法。他是我和整个论坛团队完美的队友。"

该网总裁梅斯勒说，科比在故事传播和技术方面有很浓厚的兴趣，与他和New Enterprise Associates的合作将帮助我们继续提升，拓宽我们的内容。

与 Master P 的复杂关系

2015 年 10 月 12 日早晨，科比的前队友兼好友拉玛尔·奥多姆被发现在内华达州一家妓院不省人事，后送院治疗。尽管遭受着腿部撞伤，科比在比赛第 3 节得知消息后还是立即前往医院看望，好在那场湖人的季前赛就安排在内华达州的拉斯维加斯，离奥多姆所在医院不远。

奥多姆的处境为外界所痛心。美国著名说唱歌手兼企业家 Master P 是众多发表意见的人之一，他在采访中狠批了科比。

Master P 被采访时表示，他相当于奥多姆的“导师”，而且他明白奥多姆对于重返 NBA 有多么看重；还表示，实际上科比此前已经了解了奥多姆的情况，他（科比）本可用自己在湖人的话语权签回奥多姆，但科比什么都没做。

“如果科比曾是奥多姆的朋友……科比，相当于，拥有一支球队。他本来可以让这个男人回到队中……那是奥多姆最想要的。”

除了科比，Master P 也狠批了 NBA，说因为奥多姆决定加入“卡戴珊家族”真人秀的录制，NBA 又不希望与该节目有任何瓜葛，奥多姆已遭到 NBA 联盟的排斥。而对于奥多姆早已分居的妻子科勒·卡戴珊，Master P 表示她真的相信奥多姆爱她，但奥多姆与她结婚却是个错误。“他没有意识到他卷入了什么。”

后来，科比在 Twitter 上似有所指地对 Master P 的言论作出了回应：“当我们觉得需要去质疑别人在命悬一线这种关键时刻提供的支持，那么我们必须质疑我们创造出来的文化导致我们产生了这种麻木不仁的猜忌。”科比的回应恰到好处，他还在评论旁边附言：“只是祈祷。”

科比在这番回应中并没有否认自己在湖人的话语权，显然如果此前科比真的发话，要求签回奥多姆，是可以实现的，但科比没有这么做。一位特权球员因为个人感情，随意对球队发号施令签球员是极不负责的行为。

如果是普通人妄加指责，生意、球场两头忙的科比根本没必要在自己关注度极高的社交媒体上作出回应。科比不仅作出了回应，而且没有直指 Master P，而是隐晦地把问题归结到了文化层面。这样的态度和他此前对 ESPN 贬低他实力的直白反击含蓄很多，不难看出科比对 Master P 的尊重。

说到这里，Master P 何许人也？ Master P 是一位成功体育商人，这正是科比所追寻

《必定成功》。在这部作品中，“Master P”借鉴刚当选的美国总统唐纳德·特朗普的经验，让他的追随者们分享自己的成功之道。

的目标；其个人奋斗史也颇具传奇色彩。

Master P 本名佩西·米勒（Percy Miller），是饶舌歌手、嘻哈大亨，曾经的职业球员。他用医疗事故安置费创建了 No Limit Records 公司，最终创建了个人品牌，公司旗下的签约艺人在 90 年代末期占据了嘻哈音乐榜；后来又将自己的商业帝国扩展到影视、体育管理。1998 年，福布斯将其列在高收入企业家榜单第 10 位。

米勒 1970 年 4 月 29 日生于为路易斯安那州新奥尔良，父母在他很小的时候就已离异。米勒和他的四个兄弟姐妹由父亲抚养，生活在一个高犯罪率的社区。“我们屋子里住满了人，但是我们的电冰箱却是空的。”米勒说。

“我那时总是饿肚子，我的胃总是饿得抽筋儿。”米勒回忆。

转折点发生在他 16 岁，那时他目睹了一位曾经的邻居开着奔驰荣归故里，他知道那个邻居是以一位保险销售员的身份离开的。于是，小米勒决心成为商人。他在高三时便开始创业，跑遍整个新奥尔良卖手机。

米勒读的是新奥尔良的华伦埃斯顿高中，在校队担任控位，1987 年毕业进入休斯顿大学后继续在校队效力，但在大一短短几个月后便转入加州奥克兰的莫丽特学院学习商务。在莫丽特学院就读期间，祖父去世；由于医院误诊，他家得到了一万美金的补偿款。用这笔补偿款和两年的商学院学习经历，米勒在加州里士满开了自己的唱片公司 No Limit Records。

米勒用唱片的库存来考量嘻哈音乐的销售趋势。意识到更加锋芒毕露的说唱音乐有更大的需求后，米勒将 No Limit Records 注册为商标，并着手自己的专辑《Get Away Clean》，专辑于 1991 年发行。《Get Away Clean》和 1992 年发行的《Mama’s Bad

Boy》都得到非常好的销量后，他决定将No Limit Records迁回自己的老家新奥尔良。

在新奥尔良，米勒实现了自己专辑的第一次真正意义上的成功。《The Ghettos Tryin' s to Kill Me》以及1995年的《99 Ways to Die》没有通过国家性质的发行公司，而是以口耳相传的形式推广到每一家独立的音乐售卖店，通过这样的努力，专辑总销售额达到25万张。

通过早期音乐专辑的成功，米勒在1996年与Priority Records唱片公司签约，并发布了下一张专辑《Ice Cream Man》，下半年，该专辑已位列Billboard榜单第3位。接下来几年，No Limit Records制作出了一系列脍炙人口的唱片，开始统治美国的嘻哈工业。1997至1999年，他们发行的46张专辑占据了Billboard榜单的前列。

在谈及当年的成功时米勒表示："那是我的生意。我要靠这个赚钱呢。当时那套很管用。我也没少赚。"

以此汇集大量资本后，米勒开始涉足其他商业领域。他将自己的商业模式解读为："我寻求扩张因为我不知道什么时候才是尽头。商业这玩意总是起起伏伏的。当一方面走下坡路，我会有其他看涨的方面撑着。如果你想生存，你就得这么想。"

米勒在唱片公司之后建立的第一家公司是No Limit Films影视公司。1997年，他个人投资制作了低成本纪录片《I' m Bout it》。该片影响力巨大，收益颇丰，也让米勒的影视公司拿到了全国的播映合同。

另一个扩张领域是体育产业。同样在1997年，他建立了No Limit体育管理公司。当时最大的客户是美国德州大学橄榄球球星里基·威廉姆斯，该球员在1999年与新奥尔良圣徒签约，但所得合同远远低于他的市场价值，从而被其他体育经纪公司所诟病，甚至被一位经纪人称为"商业运营的笑柄"。最终，这位跑卫球星换到了别家经纪公司。

为了更多地了解体育产业，米勒甚至涉足职业体育，希望成为一名职业篮球运动员。1998年，他宣布他的目标是打NBA。首先，他加盟了美国小联盟Continental Basketball Association的Fort Wayne狂暴队。此后，米勒得到夏洛特黄蜂、多伦多猛龙的试训机会，但当时已年近30的米勒早过了黄金球龄，最终未能挤进NBA。

虽然经历了一些挫折，不过90年代末，米勒还是让自己的公司市值倍增，最终以7500万美元售卖。1998年，福布斯将其列为最赚钱的企业家第10位，其年收入估值为

5700 万美元。

进入 21 世纪，米勒放弃了说唱音乐，转而专注社会活动。米勒说，是他的儿子佩西·米勒二世让他萌生转变职业生涯的念头的。他记得一天下午，载着儿子出去兜风，自己之前制作的一首单曲正好在车中音响里播放，他不得不调低音量，因为他不希望自己的儿子听到不合适的歌词。

“我从嘻哈音乐那里赚了很多钱，但这是我遇到的问题的一部分。”米勒说，“现在，我想要解决这个问题。”

2007 年，米勒和儿子一起创建了一家新的唱片公司，以传播无不敬言语的嘻哈，努力传播积极思想。同年，他出版了一本名叫《Guaranteed Success When You Never Give Up》（只要不放弃，就一定能成功）的书。此外，米勒还成立了一系列 P.Miller 青少年中心，以帮助、教育底层社会青少年。

当被要求描述他如何从一名贫困的孩子到说唱英雄再到企业大亨最后到青少年活动家时，米勒说，他更希望人们称他是一名战士。“我会去战斗。”米勒说，“我会为此而死，这是我所持有的所有念想。如果我不这么想，我就倒退回了贫民状态。我不想回去，因为我不想回到原点。”

超出任何对湖人所谓的预期

在连续两年错失季后赛且在上赛季拿下队史最差战绩 21 胜 61 负后，湖人希望 2015-2016 赛季能够做一些不同的事情。

“我们每一年都有夺冠的压力，每一年这都是我们的目标。”训练营开始前，总经理库普切克在湖人训练馆接受采访时表示，“但是我们很现实，我们知道我们几斤几两，我们还认为我们能赢下一些比赛，希望我们在赛季结束时能够进入季后赛行列。”

即使连续三个赛季报销的科比从伤病中恢复，又添了罗伊·希伯特、路易斯·威廉姆斯、布兰登·巴斯，榜眼德安吉洛·拉塞尔、2014 年 7 号秀朱利叶斯·兰德尔、2014 年选秀遗珠乔丹·克拉克森等新人也颇具潜力，湖人依然被预计将继续错过季后赛，这样一来就是连续三个赛季，将是队史持续最长时间的无季后赛时期。

“我确实认为我们今年比去年更具竞争力了。”库普切克说，“我不确定当我说这件事时我指的程度究竟是多少。我希望这能够成为事实。很大程度上取决于我们的健康程度，其次是我们西部联盟其他对手的情况，他们能有多棒以及其他相关条件。”

库普切克在采访中显得比上赛季更加自信。他被记者问到构筑一个成功赛季的因素究竟是什么，“我会说保持健康。”他说，“我想科比会打出非凡的赛季。我们的年轻球员会表现出色，打出我们对他们的预期，这样我们就能以此为框架继续前进，这比以此为基础建队具有更深层次的意义。此时在我脑中闪念的是拉塞尔、兰德尔和克拉克森。”

库普切克希望看到希伯特再次打出全明星状态。他认为巴斯和路易斯·威廉姆斯的到来升级了球队阵容。“但是任何事都有可能发生。我知道西部赛区竞争激烈，但是我们真的想要保持健康。我们想要超出任何对我们所谓的预期。而且我们也希望我们的核心能够成长，好让我们的蓝图延续，我们明年会继续提升阵容的天赋。”

“我们会努力赢下每一场比赛。”库普切克强调，“在比分胶着的时候，斯科特能够在板凳阵容中有很多选择，他会说，‘我想要赢球。’他可以换下年轻人，换上老将。那都取决于他的指令。”库普切克想到了锻炼年轻人会让比赛的得分受损。“但是如果你领先了，你可以让年轻人去结束比赛。”

“我们想要在球场上有所建树，但是与此同时，我们已经不再是八九年前那支球队了。”库普切克说，“过去两年我们开始引入年轻人，他们需要与球队共进退。这就是我们的策略。”

科比：库普切克的闹钟

我们总是能从电视的体育新闻里听到库普切克的名字，因为湖人时常搞出的大交易都是他一手运作的。那么，这个家伙是什么来路呢？

库普切克 1954 年生于纽约州希克斯维尔，这地方在长岛北面，离纽约市不远，年少时的库普切克可谓见过大都市的繁华。大学就读于北卡大学，并入选全美最佳阵容，在大四那年还当选了大西洋赛会最佳球员。库普切克身高 2.06 米，能够胜任大前锋甚至中锋。更值一提的是，1976 年在加拿大蒙特利尔举办的夏季奥运会上，库普切克作为美国队成员拿到了奥运会金牌。同年，库普切克参加了 NBA 选秀大会，在首轮第 13 顺位被华盛顿子弹（现华盛顿奇才）选中，并入选最佳新秀阵容。在子弹队的四个赛季，库普切克表现出色，于 1978 年帮助球队拿到队史唯一一座总冠军奖杯。24 岁的库普切克已是奥运冠军、NBA 总冠军在手的双冠王。

赛场上的表现让库普切克得到了广泛认可，包括当时在 NBA 叱咤风云的“魔术师”约翰逊。1980-1981 赛季，湖人在季后赛首轮被摩西·马龙率领的火箭淘汰。“魔术师”约翰逊向当时的湖人老板杰里·巴斯举荐库普切克，“如果我们能够得到米奇·库普切克，我知道我们能够赢得总冠军。”于是湖人与库普切克签下长约，但不幸的是，库普切克在 1981-1982 赛季只打了 26 场比赛就因膝盖的伤势休战了，当他再度登上赛场已是 1983-1984 赛季了。从伤病中走出来的库普切克通过个人努力在 SHOWTIME 时代的湖人中找到了位置，帮助湖人在 1985 年的总决赛中击败了凯尔特人。

库普切克的职业生涯并不长，他在 1985-1986 赛季后便选择了退役，生涯共征战 510 场常规赛，68 场季后赛，场均 10.2 分、5.4 个篮板。其最后一场比赛是西部决赛第 5 场，他因与当时火箭的年轻领袖哈基姆·奥拉朱旺发生争吵被驱逐出场。

那个时代，职业生涯一旦结束，很多人就隐匿江湖了，但库普切克是个有心的人，他早早开始了职业生涯的规划，提前学习了如何做 NBA 的球员运作。当他还在与湖人的第一份合同期间，他便开始参与到管理层的工作，与湖人管理层建立了不错的关系。同时成为当时湖人总经理杰里·韦斯特的学徒。在跟杰里·韦斯特讨教球队运作知识的第一年，即 1987 年，库普切克退役后的第一年，他还到 UCLA 的安德森学院攻读了 MBA。

实际上，1986 年，刚刚退役的库普切克已是湖人的副总经理，辅助韦斯特工作。后来，韦斯特离开湖人管理层，接受了将湖人的成功复制到孟菲斯的挑战。就这样，库普切克开始执掌湖人。初期，他不被外界看好，没人认为这个平庸的内线大个子球员能够做出些成绩。

2003 年，湖人三年内首次无缘总决赛，库普切克开始对湖人动手术。于是，他的第一笔大交易出现了，他将未来的名人堂球员卡尔・马龙、加里・佩顿招至麾下，让湖人再度杀进总决赛，但依旧无缘总冠军。

接下来，库普切克将沙奎尔・奥尼尔交易至迈阿密，换来拉玛尔・奥多姆、卡隆・巴特勒、布莱恩・格兰特，依旧成绩不佳。此后，他错过将安德鲁・拜纳姆交易换取贾森・基德的机会。湖人俱乐部开始遭到外界的指责，科比也跳出来催促湖人炒掉库普切克。在关键时刻，老巴斯站到了库普切克一边。

2007 年，库普切克的交易开始改变了人们对他的看法。他用布莱恩・库克和莫里斯・埃文斯换来阿里扎，而后又在 2008 年 2 月用被人们认为是抢劫式的交易得到保罗・加索尔，让湖人迎来两连冠。

“他的成绩从 F 提升至了 A+。”科比公开表态。

波波维奇对库普切克交易得到加索尔一事这样评价：“联盟应该设立一个交易委员会，否决掉那些毫无道理的交易。”

波波维奇的话传到当时联盟总裁大卫・斯特恩那里，这个精明的犹太人很快抓到了湖人的小辫子。2011 年，库普切克发起三队交易，将奥多姆、加索尔送出，希望从黄蜂那里得到克里斯・保罗；黄蜂则从湖人得到奥多姆，从火箭得到凯文・马丁、路易斯・斯科拉、戈兰・德拉季奇，而火箭得到加索尔。斯特恩叫停了这笔交易。但消息已传出，这笔交易伤透了加索尔和奥多姆的心，为他们此后离队埋下了伏笔。

此后，库普切克在老巴斯去世前又再现惊天交易。先是将奥多姆送至小牛换来交易特例，而后又用该特例签下两届 MVP 史蒂夫・纳什。随后又送走拜纳姆，在四队交易中挖来“魔兽”霍华德。如此，库普切克“还不解恨”，又说服老将安托万・贾米森鼎力加盟。在这笔交易中，库普切克可谓倾注了大量精力。此外，他还和老巴斯联手炒掉迈克・布朗，招来麦克・德安东尼执教湖人。库普切克的交易艺术可谓精彩绝伦。可惜湖人未能再次杀入总决赛。

总结起来，库普切克一生中的三大交易，第一是挖来加索尔构筑湖人两冠霸业，而后是试图促成保罗科比联手，第三则是构筑科比、加索尔、霍华德、纳什同队的盛世。这三笔交易都是在科比敦促湖人炒掉库普切克之后的事。可以说，科比当年的表态激发了这位 MBA 的运作潜能。

GOAT 是谁？

一个夏天的静养，科比渐渐从伤病中恢复。随着科比年龄的增长，球场数据的下降，对他的质疑声已经渐渐转移到球队内部。2015 年湖人宁可放着内线天才奥卡福不选，押宝般摘下的后卫拉塞尔一到湖人就没把科比放在眼里。就在 8 月 11 日的新秀定妆大会上，他还在新秀们的球星模仿环节中模仿了科比，但却是通过“走步”和“强投”进行了调戏。3 天后，他又在社交媒体 Twitter 上放话：说实话，T-Mac 可能是历史最伟大球员 (Honestly Tracy McGrady might have been the GOAT!)。这句话如果放在其他任何球队，绝无任何问题，但是放在湖人，尤其是跟 T-Mac 较量了大半生的科比的球队里，那绝对是个忌讳。

GOAT 这个词在词典里一般有三个解释：1. 山羊，2. 色鬼，3. 牺牲品，而这里什么都不是，那是最伟大的球员。另外还含因一些客观条件未能为世人所得知的意味。这还要从一位叫做 GOAT 的球员说起。

当被问起谁是史上最伟大篮球手，你可能会想到迈克尔・乔丹。但是当湖人传奇贾巴尔被问到谁是他碰到过的最伟大的篮球手时，一生面对超强球员无数的他给出了一个令人惊讶的答案：“那应该是 The Goat。”一位被各类球员和体育记者描绘为“没有打过 NBA 的最伟大球员”。

The Goat 出生于 1945 年南卡罗来纳查尔斯顿的农村，本名厄尔・麦尼考尔特（后面我们简称为山羊），幼时家贫生活艰苦，是家中 9 个孩子的最小一个，在 7 岁时他被父母遗弃，后被一位叫做玛丽・麦尼考尔特的妇女收养。玛丽住在一座没有电，没有自来水，没有暖气的棚屋里。玛丽此后迁到哈勒姆地区，因为她看到了山羊的成长，希望给他带来更好的发展前景。

但是山羊的成长环境让他缺乏社交技巧，他很难和其他孩子玩到一起并且融入校园。但是五年级时他发现了排遣寂寞的篮球。经过数年的努力，山羊成为纽约街头的篮球高手。山羊曾在校篮球赛上单场轰下 52 分，当时是纽约地区的纪录，还曾面对两位比他高半英尺的防守队员怒扣入筐。令人惊讶的是，山羊身高只有 1.85 米。他所做的招牌动作说起来令人感到恐怖与残暴：腾空而起，扣篮，在皮球穿网而过后，请注意是在不抓篮筐的前提下，凭藉超级滞空再次抓球扣篮。通过助跑他可以跳过矮个子球员。整个纽约城如果在篮球上打赌，没人能赢他。“那时没人能做山羊的动作。他快而且敏捷。时常在篮筐周围做一些颠覆性的动作。篮球因他的存在而充满意义。”

贾巴尔少年时期时常和山羊在公园里打三对三，山羊比贾巴尔更具街球球风，但是他未能被主流篮球认可。而贾巴尔认为真正懂球的人知道山羊的能耐。

山羊的绰号有多重来源，如“Greatest Of All Time”，但是山羊自己则说是他高中的一位老师时常将他的名字 Manigault 错发音称 Mani-Goat。山羊学习成绩很糟，高中最后一年又因为在厕所抽大麻被开除。他被迫回到卡罗莱纳在劳瑞伯格学院完成学业，最终他以倒数第二差的成绩毕业。虽然成绩糟糕，但凡是听过山羊威名的院校纷纷提出丰厚的奖学金。可山羊却犹豫了。“我没有那种教养或者说勇气成为第一批在全白人的学校里打球的黑人。”但最终他还是接受了黑人占主要人群的约翰逊·史密斯大学，由于与主教练不和，他的能力得不到发挥。主教练希望他打慢节奏，精心地比赛，但是山羊的风格与球队格格不入。他在一场比赛中公开对抗教练的战术，砍 27 分率队获胜，他赛后只是被训斥了下。此后由于不和的持续，上场时间受限，几个月以后便由于沮丧和女友的怀孕退学了。退学后的山羊沉迷于酒精和毒品，他因辍学而沮丧，把钱都花在毒品上了。他曾试图进入职业篮球，但是由于吸毒、偷盗入狱，让他的天分完全荒废，此前被他轻松击败的球员已经将他完全压制。1971 年出狱的山羊洗心革面，他的余生都花在教育青少年远离毒品方面。他此后创办训练营塑造出马里奥·埃里和伯纳德·金等出色的球员。虽然吸毒和偷盗的恶习一度反复，但他最终还是走上正途，从家乡回到纽约继续篮球教育的推广，直到 1998 年他 53 岁时去世。去世之前他经历过两次心脏手术，因为他的健康状况过于糟糕，无法接受心脏移植。山羊是纽约的传奇，《纽约时报》用专版纪念他，标题为《堕落君王重回故土》，文中山羊总结了他的一生。“对应于每一位迈克尔·乔丹，都会有一位麦尼·考尔特。我们都无法企及乔丹的高度。某些人注定陨落。我就是那个人。”

科比已经过了好斗的年纪，对于拉塞尔的言论科比未作置评。而此后他还公开地表示看到拉塞尔就像自己的儿子一样。这句话充满了包容，展示了一代巨星的伟大胸怀。

Chapter 2 最后的曼巴

NBA TV
AKERS.COM

2015年10月28日			
明尼苏达森林狼 111 ： 112 洛杉矶湖人			
时间	投篮	三分球	罚球
28:56	8/24	3/13	5/5
24分 4篮板 1助攻 2抢断 0盖帽 0失误 1犯规			

为了已故的菲利普·桑德斯

2015 年 10 月 28 日，湖人 2015–2016 赛季的揭幕战开打，主场迎战明尼苏达森林狼。这是一场检验湖人休赛期建队成效的比赛。但客场作战的森林狼也志在必得，他们在为不久前因病去世的前主帅菲利普·桑德斯而战。联盟总裁萧华也前来观战，并在赛前特意到森林狼更衣室发表了讲话。

“我想我们今天会得到一些帮助。”森林狼控卫里基·卢比奥说，“这一周对我们来说都很难熬。每一个人都经历了很大的痛苦。但即使菲利普离去了，他也会永远和我们在一起。”这段话听上去悲壮而感人。

桑德斯的去世以及赛前的默哀，让双方陷入了沉闷的开局。两队赛前的热身服作了特殊设计，森林狼球员的衣服胸前印着：“WE（我们）”，而湖人球员的衣服胸前则印着“FLIP（菲利普）”。

赛前，科比和凯文·加内特握手，两人心有灵犀地拥抱了一下。这是加内特的第 21 个赛季，科比的第 20 个赛季，同为高中生球员，他们都已进入职业生涯末期，若不是当初听了桑德斯的劝告，加内特或许已经退役，如今他和科比在赛场相逢，彼此相视一笑。与此同时，外界盛传的科比赛季结束就退役的谣言也一直弥漫在斯台普斯球馆，但科比未作公开声明。

终场前 2 分 11 秒，森林狼 111 比 102 领先。湖人借主场之利打出 9 比 1 的攻势，最后 31 秒，路易斯·威廉姆斯投进三分，湖人只落后 1 分。此后，森林狼的凯文·马丁错失跳投。最后时刻，还是路易斯·威廉姆斯出手，偏出。森林狼在湖人主场取得开幕战胜利。

加内特以 4 分、7 个篮板开始了他的第 21 个赛季。NBA 历史上，他是第三个打到这么久的球员。科比则拿下 24 分，还打破了约翰·斯托克顿保持的效力一支球队最多赛季的纪录。

这是 NBA 历史上第一次有两名征战 20 个赛季以上球员交锋的比赛，也是 50 年选秀历史上首次出现状元、榜眼首演就交锋的比赛。状元卡尔 – 安东尼·唐斯 14 分、12 个篮板，而榜眼德安吉洛·拉塞尔 4 分、3 个篮板、2 次助攻，逊色不少。

That timing will come back, I haven't played in a minute.

2015年10月30日

洛杉矶湖人114 ： 132萨克拉门托国王

时间	投篮	三分球	罚球
22:12	5/12	1/8	2/3

13分4篮板3助攻0抢断0盖帽3失误2犯规

三分球有害健康

2015 年 10 月 30 日，湖人作客萨克拉门托。萨克拉门托是加州首府所在地，离旧金山不远。从洛杉矶开车北上只需 7 个小时就能到达，因此这个客场之旅对湖人来说并不算远。这场比赛，国王球员将穿上复古款粉末蓝球衣，这也是球队自 1985-1986 赛季迁到萨克拉门托以来首次穿复古球衣。

2015-2016 赛季的萨克拉门托国王阵容上提升不少。他们在控位方面引进了助攻大师拉简 · 朗多；选秀挑中的 6 号秀威利 · 考利斯坦恩也有着不错的预期；本 · 麦克莱默不断成长，德马库斯 · 考辛斯更是坐稳了国王老大的位置；外线还配置了马科 · 贝里内利这样的老枪，国王可谓踌躇满志。

科比意外缺席了投篮训练，原因是嗓子痛。这个原因比较少见，但对于一位征战了 20 个赛季的老将，教练组不会刻意要求，他们希望的是科比能保持良好的状态，不再受伤。

朗多方面，在赛季开始之前，关于他能否成为一名杰出球员的争议很激烈，因为他上个赛季到小牛之后未能发挥出凝聚球队的作用，被小牛放弃。而在萨克拉门托，在一群年轻球员的拥戴之下，朗多找到了核心的感觉，依靠个人出色的传导能力串联全队，加上湖人上半场的频繁失误，半场结束时，国王领先 24 分。整场比赛，朗多仅登场 24 分钟，13 投 9 中，拿下 21 分、8 次助攻，国王大局已定。

“这才是我们印象中的朗多。”国王小前锋欧米 · 卡斯比说。

“我要比我上一场打得更好。”朗多说。

湖人这边，克拉克森拿下 22 分、尼克杨 17 分，拉塞尔第一次以控卫身份先发，拿到 13 分。“我告诉我们的队员，比赛开始的时候你们一定要做好准备，但是他们没有。”斯科特有些失望，“我真希望我知道究竟出了什么问题。如果我知道，我会及时解决。”

科比上场 22 分钟，得到 13 分，投篮 13 中 5，而三分球仅 8 中 1。本场第 1 节 4 记三分球全部投丢，当他第 2 节终于投进三分球时，湖人以 37 比 55 落后 18 分。“我们在禁区失掉了太多的分数。”科比说，“他们突破很多，还摘下很多前场篮板，并且转化为进攻。”

赛季前两场比赛，湖人投了太多的三分，而命中率又太低：揭幕战 35 中 9，第二战 34 中 11。

2015年11月1日			
达拉斯小牛103 ：93洛杉矶湖人			
时间	投篮	三分球	罚球
31:21	3/15	2/8	7/7
15分5篮板1助攻0抢断0盖帽1失误5犯规			

湖人的尊严去哪了?

2015 年 11 月 1 日，湖人主场迎战小牛。湖人先发之中唯一一位在前 3 分钟内通过运动战完成得分的是朱利叶斯 · 兰德尔，他在首节剩 7 分 13 秒时以扣篮完成得分，而此前湖人队 5 次出手均未进球。湖人外线的三名球员科比 · 布莱恩特、乔丹 · 克拉克森、德安吉洛 · 拉塞尔三人前 14 次出手均未命中，直到克拉克森在上半场快要结束时于弧顶投进三分才打破外线得分荒的尴尬。

科比在第 4 节投进了职业生涯第 1700 个三分球，全场只得 15 分，前 7 次出手全失，全场 15 次出手仅命中 3 球，而且在第 3 节才靠一次上篮完成首次运动战得分。“我就是投不进。”科比说，“我此后会越投越准的。现在就是投不进。”

他本赛季前三战 51 次出手仅命中 16 球。

“拉塞尔给我创造的机会都不错，但我还是投不进。我应该好好利用他，我想投进，那是我唯一应该去做的。我真没用。”科比自责道。

小牛在前一战大败给快船后，在湖人身上轻松找回了尊严。主帅里克 · 卡莱尔也靠这一战将他在小牛的总胜场数提升至 340，队史第一。他达成这一纪录比唐 · 尼尔森少用了 29 场比赛。

输给小牛后，湖人遭遇开季三连败。

赛后在谈到自己的表现时，科比直言非常沮丧。“一个球都投不进，打得跟狗屎一样。”他爆粗道。“我现在真的太烂了，排名已经降到联盟第 200 名了，真的超级烂。”

在赛季开始前，科比被 ESPN 排在球员榜第 93 位，他心里清楚最近三场表现在 ESPN 专家眼中代表着什么。

在被问到如何调整时，科比又爆了粗口：“假如我 XX 能投进一个球……”

湖人主帅斯科特则表示，他也不知道为什么科比就是投不进，可能是他在训练营和季前赛休息了一段时间，因此没那么快找回状态。“我知道他肯定不开心，投篮状态差让他非常失望。”斯帅说。

I just can't make a shot, I'm getting the shots I want. I'm just not making them.

2015年11月3日			
丹佛掘金120 ： 109洛杉矶湖人			
时间	投篮	三分球	罚球
29:10	4/11	1/5	2/3
11分2篮板5助攻2抢断0盖帽1失误5犯规			

连科比也被嘘

2015年，11月3日，湖人主场迎战掘金。

两天前那个夜晚，科比赛后在更衣室为自己糟糕的命中率哀叹，于是对阵掘金这场比赛的前一天，他没有参加训练，为的是理清自己的思绪。他看上去并没为自己此前比赛中投出的三个airball烦恼。他盼望着能从湖人的客场之旅中找到机会来建立湖人的默契，提升球队的防守。

“就修正球队目前的状态而言，每一个人都有压力，因此我要和队友做好沟通，教给他们些东西，好让他们下一战打得更好。”科比说，“球队打不好，我不能太情绪化。我得从技术层面去解决。”

虽然年轻的丹佛掘金正处在重建阶段，但主帅迈克尔·马龙教练已做出严格要求，那就是努力再努力。掘金在第3节渐渐掌控局势，他们在2分45秒钟内爆发，投篮15中11，将落后6分的局势扭转成领先10分。肯尼斯·法里德砍下28分、15个篮板，加里纳利21分，且14分来自下半场，丹佛最终120比109擒下湖人。湖人遭遇开季四连败。

科比本场11投4中，继续着糟糕的状态。

“对于今天的比赛，我感到很受挫，我们在场上不是没有机会。”科比说道，“我们必须要努力解决球队遇到的问题，在沟通上大家要做得更好一些。”

同时科比强调了比赛录像的重要性。

“答案就在录像中，”科比说，“你能发现自己所存在的问题。我们不能因为处境不利就变得情绪化，必须要运用策略来应对困境。很多是战术上的问题，我们需要改正战术上的错误。”

湖人的糟糕开局让不少球迷失去了耐心，他们在现场甚至发出了嘘声。

对于这些球迷的反应，科比打趣说：“这没什么，这对他们的身心健康有益。”

The pressure is on everyone to try and fix things, so you have to communicate and teach and be better next time, You can't get emotional about it. You've got to get technical about it.

2015年11月6日			
洛杉矶湖人104 ：98布鲁克林网			
时间	投篮	三分球	罚球
31:02	5/16	1/4	7/8
18分3篮板3助攻0抢断0盖帽3失误3犯规			

联盟最高薪之间的对位

2015 年 11 月 6 日，湖人客场战网。本场比赛是 NBA 两位薪水最高球员之间的较量。科比本赛季薪水 2500 万美元，乔 · 约翰逊本赛季 2490 万美元。

一定会有人问为什么乔 · 约翰逊的合同如此巨大？论实力、人气，他和科比都不是一个档次，乔 · 约翰逊最多是东部全明星替补水平，那他为什么能拿这么大的合同呢？

这要从 2010 年休赛期说起。2010 年夏，确切来说是 7 月 8 日，自由球员市场开放的第一天，乔 · 约翰逊与鹰签下 6 年总价值 1 亿 2370 万美元的天价合同。乔 · 约翰逊的经纪人是当时联盟实力最强的经纪人阿伦 · 特里姆，如今，60 岁高龄的阿伦 · 特里姆已进入活塞管理层，正是特里姆为约翰逊谋得了这么大的合同。那时，勒布朗 · 詹姆斯去到热，与德怀恩 · 韦德、克里斯 · 波什组成三巨头，公牛、尼克斯为了补强开始抢夺约翰逊，而其他队如果签下乔 · 约翰逊只能给 5 年合同，总数要比鹰少 2500 万美元左右。于是，约翰逊毫不犹豫地留在了布鲁克林，也因此上演了 37 岁的科比对 34 岁的乔 · 约翰逊的高龄高薪对位。

由于湖人和网分处东西两个赛区，一个赛季仅交手两次，这次网主场，也意味着这是湖人本赛季最后一次作客布鲁克林。很多球迷预感到这可能是科比最后一次来布鲁克林比赛，纷纷跑来看这场具有纪念意义的比赛。科比也听说了此事，但表示自己只想胜利，这比一切都重要。他不希望这是一场告别之旅。

虽然科比本场手感持续不佳，前 6 投全失，前 8 投仅中 1，和他对位的乔 · 约翰逊 16 投 8 中，拿下 22 分、3 个篮板、2 次助攻，状态比科比稳定，但最终湖人以 104 比 98 取得了赛季的第一场胜利。科比得到 18 分，也是新赛季截止的最高分。科比受到来自纽约（布鲁克林是纽约一个区）的科比迷的热烈欢迎。

“我很感激这场比赛。如果这是我最后一次作客这里，我也会泰然处之。”科比说，“我此时感觉很平静。”

同样，主帅斯科特也很看重这场胜利。“今晚的晚餐（球员通常会在赛后吃晚餐）会比之前的好吃多了。”斯科特说，“我不知道这是否是一种释然。我只是感觉我们终于做到了我们之前 6 到 8 周以来一直要求做的事。”

2015年11月8日			
洛杉矶湖人95 ： 99纽约尼克斯			
时间	投篮	三分球	罚球
32:05	6/19	2/10	4/7
18分2篮板3助攻1抢断0盖帽1失误2犯规			

在拿到 NBA 生涯第 1 分的地方

2015 年 11 月 8 日，湖人来到纽约，对阵尼克斯。

说起来，这个赛季的尼克斯和湖人颇有渊源。现任尼克斯总裁是湖人旧帅菲尔 · 杰克逊，主帅是湖人旧将德里克 · 费舍尔，队员里还有前湖人后卫萨沙 · 武贾西奇。湖人这边，拜伦 · 斯科特不仅曾和科比是队友，与费舍尔也是。费舍尔赛前还爆料，1996 年加盟湖人时，他本想穿 4 号球衣，但斯科特还想再打一年，继续穿 4 号，于是费舍尔改穿了 2 号。斯科特则表示，他当时没有逼费舍尔这样做，但是他很赞赏费舍尔的作风。

客观来讲，这是湖人有希望拿下的一场比赛。首先，西部球队来东部打球，尼克斯和网队通常是连在一起的，打完网队的湖人，省去了奔波。其次，湖人下榻的酒店离麦迪逊花园球场很近，更节省了体力。第三，虽有卡梅隆 · 安东尼坐镇，但尼克斯确实不能算强队。

11 月的纽约已十分寒冷，赛前，科比特地在球衣外面穿上了紫色的长袖衫。值得一提的是，主帅斯科特赛前透露，科比最近告诉他，这可能是科比的最后一个赛季了。斯科特说他之所以知道，是因为和科比聊其他事情时牵扯到了；他没有透露科比是何时说的，但他说科比表示自己可能在明年夏天退役。“他说这可能是他最后一年。”斯科特说。

像在布鲁克林一样，科比在这里再次享受到了纽约球迷的欢呼，科比在罚篮时响起 MVP 的呼声，罚丢时还大为叹息，对于客场球员来说，这太特殊了。虽然如此，他们并没能看到心中的英雄再次获胜。

本场比赛，科比拿到 18 分，比他此前在尼克斯的平均 30.7 的得分少了太多。19 投 6 中是无法帮助球队获胜的。湖人最终 95 比 99 败下阵来。

赛后，科比给了安东尼长时间的拥抱，然后他拍着胸膛，冲球迷挥着手离开了这座球馆。这或许是他最不舍得离开的客场球馆。

I can remember my first game coming in here, not knowing what the hell to expect and what to do, but just being in such a great arena, and then to be here 20 years later and to have that happen feels amazing.

2015年11月9日，麦迪逊广场花园，洛杉矶湖人95 ： 98纽约尼克斯。MSG是篮球圣地，几乎所有的巨星都征服了MSG，科比 · 布莱恩特更以61分创下客队球员在MSG的历史纪录；还好，卡梅隆 · 安东尼成为MSG的主人后轰下62分，不然，主客球员的历史纪录都归科比。但人们都忽视了，科比的NBA生涯第1分便发生在MSG：1996年11月5日，职业生涯的第二场比赛，出场3分钟，1投0中，但罚球线上是2中1——1分，以及1失误。凭这两点，与MSG的道别自然要保持庄严而肃穆的气氛了——此时的科比还没有正式宣布退役，却已经在与MSG道别了。(图片提供：CFP)

“我还记得我第一次来这里打球时的场面，我啥都不知道，不知道将会发生什么，不知道该怎么去做，只知道来到了一座伟大的球馆。”科比说，“然后，20 年后，我感到惊讶无比。”

1996 年 11 月 5 日，科比在麦迪逊花园球场迎来职业生涯第二场比赛，也是他第一次得分的比赛；后来，1998 年，还是在这座球馆，科比打了生涯第一次全明星赛；再后来，2009 年 2 月 2 日，科比在这里拿到 61 分。

“能够来到这里，打出我此前的这些表现，我感觉非常非常荣幸。”科比说。

安东尼则说，如果科比离开这个联盟，他会失去一个他称做大哥哥的人。“我告诉他，如果他离去，我对整个联盟的感觉都会变的。”安东尼说，“我的整个职业生涯都在得到他的帮助。”

密会德怀恩・韦德

2015 年 11 月 10 日，星期二，湖人作客迈阿密热，客观地讲是一支烂队作客强队的主场，胜负似乎悬念不大，但前来观看比赛的观众不乏重量级人物。迈阿密大学出来的棒球巨匠艾力士・罗德里奎兹，迈阿密大学男篮主帅拉拉纳加，热总裁帕特・莱利，还有美国国家足球队的几名成员，这一切都因为据传这是科比最后一次作客迈阿密了。

周一那天，科比说他预计会出战。

“他有可能不打，你们都知道他，身上是有伤的。”主帅斯科特在训练中接受采访时表示，“我们对他的关注很大程度上在那里。”

周二，科比选择了休战。他没有过多谈及伤病的问题，称主要是因为自己已经是一个打了 20 个赛季的老将了。“浑身发酸，我得开个小差，好好歇歇，做个理疗。”科比说。

实际上，周一晚间科比去见了热当家球星德怀特・韦德。

“那是一个很酷的时刻。”韦德说，“我有机会和科比聊聊，他问我明晚是否会带孩子来。我说，不，他晚上有课。他说他想见他们，于是我就把他们带来了。”

当晚，波什拿下 30 分、11 个篮板，怀特塞德拿到 19 分、15 个篮板，热 101 比 88 大胜湖人。韦德只打了 25 分钟拿到 12 分、6 次助攻就早早下场了。

赛后一个孩子跑来和科比拥抱，孩子后面跟来了韦德。那是韦德的儿子扎伊尔。科比对他说：“投个篮我看看。”

“我跟他说过很多次让他投篮给我看看。”科比赛后提到当时的场面说，“韦德跟我说，现在还不行呢。于是我说‘你会像科比叔叔那样勤加练习吗？’然后韦德说，‘看，我早告诉过你。’于是我们都笑了。”

It's wear and tear, It's soreness, something I can knock out with a little rest and treatment.

奥兰多报了仇

2015 年 11 月 11 日，老兵节，湖人对阵魔术。

职业生涯中，科比与奥兰多并无太多联系，唯一值得一提的是，2009 年，科比在奥兰多捧起了职业生涯第四座总冠军奖杯，也是他个人荣膺总决赛 MVP 的第一个总冠军。那一年，科比伤了整个奥兰多的心。

后来，由于各种原因，湖人过去两次作客奥兰多，科比都没能上场。这一次，虽然有可能是老兵科比最后一次作客奥兰多，但他再次选择了休战。从奥兰多拿走了总冠军，又在生涯最后一次作客奥兰多的比赛中缺席，科比真心亏欠了奥兰多球迷。

不过即使科比不打，魔术依然会认真对待这场比赛。2015-2016 赛季开始阶段，东部呈天下大乱之势，东部第 1 与东部第 10 之间的胜差只有 2 个胜场，魔术不会错失争夺季后赛的好机会。

魔术主将、内线核心尼古拉·武切维奇因膝盖瘀伤错过此前的三场比赛，他赛前都不知道自己是否有机会上场。毕业于 USC（与武切维奇同一学校）的 7 尺中锋德维恩·戴德蒙先发，但比赛一开始魔术丝毫不占优势，主帅斯凯尔斯终于在第 1 节还剩 5 分 18 秒时忍无可忍，让武切维奇上场。此前武切维奇已为魔术打了 4 个赛季，223 场先发，虽然这一场错失了连续先发的机会，但关键时刻武切维奇没让斯凯尔斯失望。

终场前 1.5 秒，湖人和魔术战成 99 平，武切维奇得球。面对比自己高 5 厘米的湖人中锋罗伊·希伯特，武切维奇快速运球，后撤加后仰，皮球高弧度飞出，所有湖人球员包括科比都扬起了头，皮球在空中飞行时计时器已经到时，皮球执拗地飞进了篮筐，湖人被绝杀！奥兰多主场所有球迷高举双手，欢庆着胜利。

“那一球运气成分更多。”武切维奇赛后实话实说，“如果我转身就投，非得被希伯特盖了不可，但是我在投篮时选择了高抛，幸好它进了。”

2015年11月13日			
洛杉矶湖人82 ： 90达拉斯小牛			
时间	投篮	三分球	罚球
32:25	7/15	3/8	2/2
19分5篮板3助攻0抢断0盖帽6失误2犯规			

两个老家伙在那儿耍

2015 年 11 月 13 日，湖人作客达拉斯，这是他们 5 个客场之旅的最后一站。“我们之前感觉我们应该赢下这 5 场中的 3 场。”湖人主帅斯科特说。但最终他们以 1 胜 4 负收尾。5 个对手分别为网、尼克斯、热、魔术、小牛，他们只拿下网队。科比连续两站缺席成为失利的因素之一。

科比缺席的原因是背部发紧，而这场又遭受胃痛的困扰。在这种情况下，科比竟命中了前 3 次投篮。湖人在科比的带动下在第 1 节中段便取得了 19 比 9 的领先优势。第 2 节，同样是 37 岁的德克 · 诺维茨基面对科比跃起的防守，在篮下来了一个拉杆，落地后两人相视而笑，诺维茨基像是在模彷科比的招牌动作。

“两个老家伙在那儿耍呢。”科比赛后大笑，“我当时在努力防他，防止他跳得太高，因为他 XX 的长得太高了。”

对这件事，诺维茨基则回应：“很高兴能够看到他。他是一个传奇。”

在小牛的防守下，湖人在第 3 节落后到 10 分，但湖人在第 4 节撵了上来，追至 70 比 71。虽是小牛主场，还是有湖人球迷的存在，“Let's go Lakers”的呐喊时常响起。湖人本有机会反超，但路易斯 · 威廉姆斯投失三分，而小牛后卫韦斯利 · 马修斯的三分如及时雨压下了湖人的进攻浪潮。

当晚小牛的投篮命中率只有 36.6%，而湖人的命中率更糟，只有 33.0%。科比这一战可谓拼尽全力，上场时间是这个赛季以来最长的 32 分 25 秒，但最终还是 82 比 90 客场告负。

“最致命的是我们无法在禁区得分。”斯科特说到了点上。

“我感觉还 OK。”科比赛后在被问到身体情况时说，“只是结果令人沮丧。但是我感觉我们朝着正确的方向迈进了一步。”

I felt OK, It's frustrating ... but I thought we took a step in the right direction.

2015年11月15日

底特律活塞85 ： 97洛杉矶湖人

时间	投篮	三分球	罚球
35:43	6/19	1/4	4/4

17分8篮板9助攻2抢断0盖帽4失误3犯规

累到无法去停车场

“这个赛季我们不会对科比要求太苛刻。”队友乔丹·克拉克森说，“他已经上了年纪，我们想在比赛的最后时刻让他发挥。我们真的非常感谢他的理疗师。”

2015 年 11 月 15 日，湖人主场迎战底特律活塞。这一战湖人全队肩负着一个任务，就是确保湖人不要再创下湖人队史最糟开局。

这一战，科比再度燃烧了自己的小宇宙，距比赛结束还剩 3 分 44 秒时，科比投进三分，帮助湖人 85 比 74 领先。他走下球场后，向赛前湖人表彰的三位反恐英雄致了敬。“那是一个伟大的时刻。”科比说，“他们整个晚上都在激励我。我知道我得找个机会歇歇了，但是我要确保击败对手。”

97 比 85，湖人取得胜利，赛季开局 2 胜 8 负，比上赛季的 1 胜 9 负好一些，这就是科比的目标，他希望湖人能好一点，哪怕只一点儿。

全场比赛，科比 19 投 6 中，得到 17 分、8 个篮板、9 次助攻，出场时间再创新高，达到 35 分钟。他在球场上待到确保胜利才下场，即使这意味着他下一战对阵太阳时必须要休息。

“我们必须要在主场拿下胜利。”科比说，“现在，我都有些站不住了。我的后背和我的腿快要痛死了。我得赶紧回家，我盼望着做个冰浴再来个拉伸，明天一整天都要歇着。想到一会儿还要走着去停车场，我都有些发愁了。我是认真的。”

We've got to get this win here at home, (But) right now, I'm barely standing up. My back and my legs, it's killing me. I go home, and I'm looking forward to that ice bath and the stretch, and a full day of recovery tomorrow. ... I'm not looking forward to walking to the car. Seriously.

2015年11月20日

多伦多猛龙102 ：91洛杉矶湖人

时间	投篮	三分球	罚球
37:04	5/13	0/5	0/0

10分4篮板5助攻2抢断0盖帽3失误2犯规

路 · 威是个样子货

2015 年 11 月 20 日，湖人主场迎战多伦多猛龙，此前没有前往凤凰城作战的科比继续主场作战。作为大西洋区卫冕冠军，现在这支多伦多猛龙已经不是当年科比狂砍 81 分的加拿大弱旅，核心凯尔 · 洛瑞已是全明星先发，球队构架也进行了升级。

也许你还记得 2006 年 1 月的那一场比赛。那一场，湖人主场迎战猛龙，科比砍下惊天动地的 81 分高分，仅次于威尔特 · 张伯伦的 100 分单场得分纪录。而且湖人上一次在主场迎战猛龙，科比也拿下三双数据。可以说，主场打猛龙科比有着足够的信心。

另外，2015–2016 赛季加盟湖人的路易斯 · 威廉姆斯是 2014–2015 赛季的最佳第六人，当时正效力于猛龙。但赛季结束，猛龙没有给这个自己球队培养出的最佳第六人提供合同。于是路易斯 · 威廉姆斯毅然以 3 年 3300 万美元加盟湖人。猛龙为何不签路易斯 · 威廉姆斯事后有了答案，他们把这笔钱留给了泰伦斯 · 罗斯，2015 年 11 月 2 日，同样是 3 年 3300 万，罗斯留在了多伦多。对老东家未续约的仇恨，想必路易斯 · 威廉姆斯是一定要报的。

但事与愿违。

猛龙在下半场通过一波 12 比 2 的高潮将分差拉大到 91 比 75；第 4 节刚开始不久，路易斯 · 威廉姆斯投进三分，湖人将分差缩小至 6 分。但猛龙得分后卫德玛尔 · 德罗赞的三分及时来临，湖人的攻势也在 3 分钟后陷入停顿。此时，老将慈世平带领球队同样打出 12 比 2 的攻势，在终场前 3 分 49 秒将分差缩小至 87 比 93。最后 1 分 48 秒，科比的三分帮助湖人将比分扞至 91 比 97。但湖人此后再也没能得分，91 分保持到终场，猛龙 102 比 91 获得胜利。科比虽出战 37 分钟，又刷出了上场时间新高，但 13 投 5 中，只拿到 10 分、4 个篮板、5 次助攻， 而且没有罚篮。

本以为可以报老东家不签约之仇的路易斯 · 威廉姆斯只得到 6 分。湖人夏天的生意看上去亏本了。

2015年11月22日			
波特兰开拓者102 ：91洛杉矶湖人			
时间	投篮	三分球	罚球
31:23	6/22	0/5	6/7
18分4篮板4助攻1抢断1盖帽0失误1犯规			

Kobe 还是 Cold-be 老师

洛杉矶的 ESPN 电台每天中午都会播放篮球的相关内容，有一期的话题是，在湖人目前的情况下，在科比状态大不如前的情况下，你还希望看到科比打太多时间吗？听众的答案莫衷一是，其中有一名听众，口音听上去是位黑人兄弟，电话拨通后他跟主持人说：“伙计，现在科比已经不是当年那只‘黑曼巴’了，现在的科比只是一位37岁的场均三分球命中率还不及三成的老家伙。”主持人灵机一动：“那么他就是 Cold-be 喽。”

2015 年 11 月 22 日，湖人主场迎来西北区老对手开拓者。作为一支青年军，开拓者的重建已初见规模，核心球员定为达米恩 · 利拉德和 C.J. 迈克勒姆。而湖人一方显然将期望值放在了拉塞尔、兰德尔、克拉克森、小拉里 · 南斯二世身上，拉塞尔和南斯都是一年级新生，克拉克森是第二个赛季，兰德尔虽然是第二个赛季，但第一个赛季只打了一场常规赛便报废。四个新人都急需成长，而指导重任落在了科比身上。

这一战，科比 22 投 6 中，砍下 18 分，全场试投 5 次三分全部投失，湖人也不出意外地 91 比 102 主场告负。

“我们在不恰当的时间犯了错。”科比说，“防守的平衡和错误的轮转比比皆是，在最后 5 分钟我们开了天窗。他们整个晚上都在压着我们打。”

上一战对阵猛龙时，科比上场时间达到赛季新高的 37 分钟，这一战又打了 31 分钟。斯科特赛后坚持说，他会控制科比的上场时间，但明眼人都明白，只要科比想打，他哪里控制得了。

“我还 OK 啦。”关于此次失利，科比说，“我得说，我想让全队都冷静下来，活在当下。好好听我讲课。明天的训练，我们要从头到尾过一遍，准备下一场比赛。”

值得一提的是，截至该场比赛结束，科比的三分球 70 投 14 中，命中率只有可怜的 20%，真的成了“Cold-be”。

It's just that we're making little mistakes at the wrong time, Defensive balance and the wrong rotation here and there, that's really been caving the roof in on us in the last five minutes of the ballgame. Our rotations weren't up to snuff, and they just killed us all night.

2015年11月24日			
洛杉矶湖人77 ： 111金州勇士			
时间	投篮	三分球	罚球
24:41	1/14	1/7	1/2
4分6篮板2助攻2抢断0盖帽3失误0犯规			

对卫冕冠军过敏

2015 年 11 月 24 日，湖人客场挑战卫冕冠军金州勇士。迎战湖人之前，勇士赛季开局 15 胜 0 负，赢下湖人，他们将成为 NBA 历史上创下最好开局的球队，而且还是在主教练科尔背伤缺席的情况下。科尔缺席，助教卢克 · 沃顿代理执教，而沃顿曾是科比的老队友。沃顿知道老大哥科比要来了，也知道勇士的连胜早晚有一天要终止。“任何事都有可能发生。”沃顿说。

“我质疑，我非常质疑。”赛前，针对勇士会输球这事，勇士老大斯蒂芬 · 库里大笑着说。

虽然大敌当前，湖人还是希望虎口拔牙、争取胜利。尼克 · 杨从前队友阿里纳斯那里借来了黑金配色的鞋子，希望能够带来好运。相反，勇士赛前则传来霉运。教练沃顿承认上周他的车被偷了，顺便还称赞了警察当局的捉贼效率。“那是生活的一部分。”沃顿说。虽是联盟顶级强队和顶级弱队之间的比赛，不过一段段的小插曲让这场比赛显得颇有意思。

奥克兰的主场观众很疯狂，在球场边的高速公路开车经过你都会听到震天的“Let's go Warriors”。但一上来勇士 6 投仅 1 中似乎是不祥的预兆。然而接下来，当家球星库里的标志三分唤醒了队友。勇士前 12 次远投投进 5 球，第 1 节前 10 分钟已 27 比 9 领先。第 1 节，科比为了一次救球，滑到了场边的坐席，到了勇士老板雅各的眼前，雅各对科比打了个注意安全的手势。

第 3 节，湖人更是被打出 35 比 17 的攻势。最终，勇士 111 比 77 拿下湖人，完成 NBA 最佳开季 16 连胜。库里只上场 30 分钟，第 3 节最后阶段便打卡下班。科比上场 25 分钟，仅得到 4 分。他本场 14 投仅 1 中，平了自己单场最差投篮纪录。

科比上一次打出这样糟糕的成绩是上个赛季面对马刺时，都是面对卫冕冠军，科比的投篮似乎对卫冕冠军过敏。

I could have scored 80 tonight, it wouldn't have made a damn difference.

2015年11月28日			
洛杉矶湖人96 ： 108波特兰开拓者			
时间	投篮	三分球	罚球
34:08	7/20	1/5	6/7
21分2篮板2助攻0抢断0盖帽1失误1犯规			

在波特兰见证沧海桑田

2015年11月28日，湖人作客波特兰。波特兰是位于俄勒冈州的海港城市，有着舒适的气候和迷人的郁金香种植园。2009年，科比与加索尔联手拿下总冠军那年，这里的领袖还是布兰顿·罗伊，另外两个重要人物分别是格雷格·奥登和拉马库斯·阿尔德里奇。世事难料，罗伊虽打出全明星表现，但双膝的伤病让他不得不早早宣布退役。奥登更是命运多舛，虽然大学时代风光无限，后来的伤病却让这位曾被誉为不世出的人物泯然众人。而阿尔德里奇这位当时的三号人物，逐渐显露“建队基石”的潜质，夏天被马刺挖了过去。

现在，波特兰的主场已从玫瑰园更名为摩达中心，开拓者也已是以利拉德和迈克勒姆两名后卫为核心的球队，而“黑曼巴”却依然在率领紫金军团作战，不得不说是一个奇迹。

开拓者在之前的6连败中找回了自我，赢下了这场比赛之前3场比赛中的2场。利拉德说，他的工作就是发现球队中比赛状态最好的队友。这场比赛，他发现的正是迈克勒姆。“我想我们都知道C.J是一个一场比赛能拿很多分的家伙。”利拉德说，“比赛伊始，我看到他投中了第一个球，因此后面我继续调动他的状态，在攻防转换中寻找他。”于是，迈克勒姆一口气拿下开拓者的前9分，上半场就得到19分，这帮助开拓者上半场领先湖人17分之多。科比在上半场最后2分钟拼命完成一次上篮，而后重重摔在地板上。他摸着后背，有些挣扎地站起来，继续坚持比赛。

虽然湖人在第3节将差距缩小至5分，但始终被开拓者压制，终场前2分27秒迈克勒姆的3分让开拓者104比93领先湖人，基本锁定胜局；最后比分定格为108比96。

本场比赛，科比出战34分钟。斯科特表示要看看科比的状态再决定是否让他出战步行者。

“很难。”科比说，“对于一个打了20年球的人来说这是件很难的事。我的腿已经大不如前。我会继续努力，如果状态还好，我还会再上。”

沧海桑田，开拓者旧日领袖已一一散去，对于开拓者两位新的领袖，科比也给出了鼓励和评价。

赛后，科比和迈克勒姆做了简短交谈，他们都露出了微笑。迈克勒姆透露，科比给了他不少鼓励。“我告诉他，我感激他为比赛所做的一切。”迈克勒姆说。

科比说：“达米安（利拉德）是这个联盟最好的球员之一。他是位出色的球员。而迈克勒姆也成长迅速，今年他看上去要爆发了。”科比说。后面的事实证明科比此言不虚。利拉德率领平均年龄不及25岁的开拓者爆冷杀入季后赛第二轮，硬是和卫冕冠军勇士掰了掰手腕，成为2015-2016赛季表现最出彩的青年军。

Dear Basketball,

From the moment
I started rolling my dad's tube socks
And shooting imaginary
Game-winning shots
In the Great Western Forum
I knew one thing was real:

I fell in love with you.

A love so deep I gave you my all —
From my mind & body
To my spirit & soul.

As a six-year-old boy
Deeply in love with you
I never saw the end of the tunnel.
I only saw myself
Running out of one.

And so I ran.
I ran up and down every court
After every loose ball for you.
You asked for my hustle
I gave you my heart
Because it came with so much more

I played through the sweat and hurt
Not because challenge called me
But because YOU called me.
I did everything for YOU
Because that's what you do
When someone makes you feel as
Alive as you've made me feel.

You gave a six-year-old boy his Laker dream
And I'll always love you for it.
But I can't love you obsessively for much longer.
This season is all I have left to give.
My heart can take the pounding
My mind can handle the grind
But my body knows it's time to say goodbye.

And that's OK.
I'm ready to let you go.
I want you to know now
So we both can savor every moment we have left together.
The good and the bad.
We have given each other
All that we have.

And we both know, no matter what I do next
I'll always be that kid
With the rolled up socks
Garbage can in the corner
:05 seconds on the clock
Ball in my hands.
5 … 4 … 3 … 2 … 1

Love you always,
Kobe

KOBE BRYANT / LOS ANGELES LAKERS

NEXT BY **KOBE BRYANT**

Zero

On Sunday night, Kobe Bryant passed Michael Jordan on the NBA's all-time scoring list. After the game, Kobe sat down and wrote his thoughts on the historic moment for The Players' Tribune.

READ MORE

2015年11月29日			
印第安纳步行者 107 ： 103 洛杉矶湖人			
时间	投篮	三分球	罚球
33:29	4/20	2/7	3/4
13分 4篮板 3助攻 1抢断 0盖帽 1失误 1犯规			

令人心碎的退役决定

2015 年 11 月 29 日，感恩节假期的最后一天，科比在一个球员论坛网上正式宣布了赛季结束后退役的决定。该网站正是上个月他所投资的 The Players' Tribune。科比说："这个赛季是我最后所能奉献的。"

是篮球给了 6 岁的科比加盟湖人的梦想。在那封众所周知的退役信中，这位 37 岁的老将用诗的形式表达了他对篮球的敬意。告别信的开头写着"亲爱的篮球"，"但是我不能再为你着魔了。"科比说，"这个赛季是我最后所能奉献的。我的心依然能承受重压时刻。我的意志还能面对艰难，但是我的身体知道是该我说再见的时候了。这没关系，我准备好了和你的告别。"

关于此事，斯科特表示，头天晚上科比就跟他说了转天会宣布退役的事，他当时都惊了。

科比发表声明当天，主帅斯科特表示科比仍将出战当晚湖人迎战步行者的比赛，并强调，科比的目标是打完本赛季。"我想他仍然热爱比赛。"斯科特表示，"他仍然热情高涨、斗志昂扬。"

NBA 前总裁大卫·斯特恩也发表声明："17 届全明星，1 座 MVP 奖杯，5 次总冠军，一生湖人，两届奥运金牌，无限的工作热情，科比是我们联赛中最伟大的球员之一。无论是总决赛的战斗还是午夜练球的故事，科比都表达了对篮球比赛的爱。"

宣布退役决定之前，科比场均出手 16.7 次，只得到 15.7 分，投篮命中率降到职业生涯最底的 31.5%，无论是投篮命中率还是三分球命中率都排在 NBA 现役球员最后一名。这种情况下，科比选择退役应该是正确的。

当晚，到斯台普斯中心看球的球迷都得到了一封来自科比的镶嵌着金边的黑信封，上面是科比那首告别的诗。

"乡巴佬"抢走了科比的礼物

科比宣布退役的当天晚上，湖人背靠背主场迎战步行者，这也是科比本赛季第一次出战背靠背第二场比赛。步行者穿上了特色战服，衣服上有"乡巴佬"字样，这是步行者特意为这次好莱坞之旅准备的。在洛杉矶这样的大城市面前，印第安纳人的自嘲精神值得敬佩。

这是科比宣布退役计划后的第一场比赛，科比的妻子瓦妮莎，两个女儿娜塔莉亚、吉安娜也前来观战。湖人全体球员希望用一场胜利来纪念这个特别的日子。

然而，湖人首节只得到 12 分，半场以 35 比 58 落后，第 3 节则一度落后 25 分之多，巅峰时期的湖人也未必能填平这个大坑。

不过评书里有言，无巧不成书。第 4 节湖人像打了鸡血，终场前 1 分 39 秒，慈世平用一记上篮将比分追至 89 比 96。保罗 · 乔治跳投回敬一球，接下来科比外线突然拔起，三分命中，92 比 98。距比赛结束还有 1 分 07 秒，湖人提前采取犯规战术，慈世平抱住乔治送其上了罚球线。两罚全中，100 比 92。只剩 1 分钟，尼克 · 扬站了出来，投进三分；随着科比造马辛米进攻犯规，夺回球权；接下来湖人给外线制造出空当，慈世平二话没说接球就投，命中！ 98 比 100。这时，板凳席上的球员挥舞起毛巾，教练组摸着慈世平的头，似乎湖人的经典剧本就要上演了。

比赛还剩 23 秒，慈世平对乔治犯规，也因此 6 犯离场。乔治两罚全中，102 比 98。克拉克森追身跳投得分，100 比 102。之后乔治被犯规，两罚再中，14 秒，4 分之差。科比在 12 秒时，干拔三分命中，103 比 104。此时，每一个人都相信，精彩的剧本就要开始了！就算存在联盟授意湖人赢下比赛这样的黑幕，人们也愿意接受。

乔治再进两次罚球，106 比 103，3 分差距，而 10 秒钟对于“黑曼巴”来说绰绰有余。离比赛结束还剩 7 秒，科比如愿接到了球，距离三分线有一段距离，科比出手，那一刻整个斯台普斯中心都屏住了呼吸。皮球一点声音也没有地落地了。一定是空心入网！但这一次却是篮外空心。科比笑了，无奈地笑了，也许这正是他选择退役的原因吧。

虽然湖人再次犯规，但已于事无补，湖人失利。

“他仍然是科比 · 布莱恩特，不管他今晚的投篮状态如何。”自小生长在加州的乔治赛后说，“当比赛进入关键时刻，我们依然将他视为年轻的科比。在那种时刻能和科比同场竞技，我们深感荣幸。科比是我心中的乔丹，我从小看着他拿冠军。”

斯科特惊出屎来——爆科比宣布退役细节

一天晚上，科比告诉湖人主帅斯科特，自己将宣布在赛季末退役，并说“你是第一个知道这件事的人”。关于这件事，人们最想知道的是，科比是如何告诉斯科特这一消息的。

斯科特吐露了一些细节。那是在 2015 年 11 月 28 日湖人 96 比 108 负于开拓者的那场比赛的第 3 节开始阶段。“我说，‘KB，我上半场让你打了 20 分钟。后面，我可要砍时间喽。我得砍了。’”斯科特说，“他说，‘很好呀，教练。没问题。赛后我还要公布我的退役决定呢。’”

这时，斯科特怔住了。

“我说，‘什么？！’”斯科特回忆道，“那正是我震惊的片段。我就在那种状态下度过了剩余的比赛。即使我看着他在打比赛，我看着他在球场上跑来跑去，我还是禁不住自问，‘他刚才真的那么跟我说了吗？’”

斯科特表示，他对科比给自己那样的消息毫无准备，真的是毫无准备。

“转天我告诉他‘你知道吗，当你跟我说这事的时候，简直把我惊出屎来了。’”斯科特说，“他就开始大笑。我问：‘你真的这么定了？’，他说，‘我知道。我能从你脸上看出来。’”

最令斯科特惊讶的是科比当时的举止。

“他看上去很随意。太酷了！”斯科特说，“实际上，他说，‘你是第一个知道的。’他说，‘教练，你是第一个知道我要宣布退役的人。’”

“他跟我说的时候很平静。”斯科特补充道，“这是我唯一所能形容的。那场比赛中，我看着他打比赛，让他上下场，我从他那里看到了非同寻常的放松和平静。”

那天晚上，当湖人坐包机飞回洛杉矶的时候，为避免消息提前泄露，科比和斯科特互发了短信。斯科特问科比是否已经在赛后宣布了消息。科比说还没有，但会很快。第二天下午，科比就在 The Players' Tribune 上宣布了他的退役决定。

在飞回洛杉矶的飞机上，斯科特辗转反侧，回忆着 1996-1997 赛季和科比作队友的时光，他自己球员时代的最后一个赛季，科比的菜鸟赛季。

“我坐在那里想着，‘喔，’”斯科特说，“我真的在想‘这是一个时代的结束，因为这孩子一直以来都是难以置信的’。他 17 岁时我就认识他。我想着认识他并且看着他成长是一段多么美妙的经历，他从十七八开始成长，这个我当初认识的菜鸟已经成为了时代的符号。”

斯科特表示他从未有过如此经历。“我再没有机会执教那样的比赛了。”斯科特说，“但是我告诉你，他所做的真的太酷了，因为，如我所说，他看上去很平静。”

NBA 球员中最棒的编辑

职业生涯最后一年的科比已不是联盟最好的球员了，但他却是球员中最好的编辑。

科比在他参与投资的网站 The Players' Tribune 上发布了自己关于赛季结束退役的决定，他在该网站的头衔是“编辑总监”，也将继续为该网站进行创作。在体育新闻写作激烈的竞争环境中，这家不到一岁的网站提供给球员发布个人新闻的渠道，且没有新闻记者的过滤过程，这是应对主流新闻媒体那些善于打探的记者的一种措施。虽都是内容的市场营销，但这次是球员去开拓。已经有 450 名左右来自棒球、橄榄球、篮球、冰球界的球员与该网站签约，成为新闻的提供者。

“我想这给运动员更多的自我掌控。我们有很多具有创造性、接受过良好教育的运动员。”杜兰特表示。

杜兰特曾通过该网站发布自己养伤的相关消息。他也在 2015 年 9 月加盟该网站，成为执行出品人。杜兰特说，媒体对于科比最后一个赛季的报道并不和善，The Players' Tribune 给了球员自己发声的渠道，球员对于自己的故事不会像媒体报道那样随意。

实际上，科比通过 The Players' Tribune 发布退役决定并非该网站第一次挑战传统媒体。纽约大都会的投手哈维曾借此通知球迷他将会在季后赛出战；波士顿红袜长打手奥兹则写了一篇关于被贴上使用类固醇的骗子标签的故事。

The Players' Tribune 的总裁梅斯勒表示，他们的网站是对媒体的补充，能够让运动员分享那些没有被挖掘出来的故事。梅斯勒说，快船队的格里芬在该网站的职务是高级编辑，他曾写过有关被 NBA 实施禁令的前老板斯特林的稿件。

该网站不会在运动员经历激动人心的事情的同时要求他们做出牺牲，去做报道。编辑总裁霍尼格表示，和科比不同，他是负责每日事务的编辑总监。球员故事的署名都是球员自己，但稿件是通过电话采访、与球员沟通后写出来的。编辑把编辑好的文字记录传回给球员，他们一起来完成草稿。

至于科比那封退役信，真的全是他自己写的。

“在这种特殊情况下，我们什么都不做。我们只是它发布的平台而已。”霍尼格说。他曾是 ESPN 杂志的创始人。多数情况下，编辑的过程和他此前的工作略有不同。网站不会为运动员的稿件付钱，除非是运动员自己得到品牌赞助。

人们对该网站的疑问和对数字媒体一样，就是你如何盈利，答案也和数字媒体一样，靠品牌的赞助。该网站已得到 Powerade、Dove 的赞助。未来其他的收入来源则包括活动运营以及付费订阅。

The Players' Tribune 依然是一个缝隙市场，科比宣布退役前一个月的阅读量是 110 万，退役信则积攒了 350 万的点击量，而 ESPN、雅虎、CBS 这类网站的点击量每个月上千万。

2015年12月1日			
洛杉矶湖人91 ：103费城76人			
时间	投篮	三分球	罚球
31:42	7/26	4/17	2/4
20分5篮板2助攻1抢断0盖帽3失误3犯规			

“为毛不让奇普·凯利替科比退役？”

2015 年 12 月 1 日，科比在宣布赛季结束退役的消息之后踏上了客场之旅，而这段客场之旅的起点意义非凡，因为那里正是科比的老家——费城。

赛后，科比冲着 76 人更衣室里的球员喊道：“继续这样打，伙计们。”这是他在失利以后对家乡球队的祝愿，他希望费城的未来会更好。科比临走时对家乡球馆说了声“再见”，从那天起，76 人主场富国银行中心终于不再是零胜的主场。76 人终于向美国职业体育最长的连败说了再见。

从上赛季算到这场比赛之前，76 人已经 28 场连败。球场的灯光打到科比身上，渲染着他职业生涯最后一次作客费城的气氛，科比感慨万千，76 人趁着这位湖人大佬情不自禁的时候，偷走了一场难得的胜利。

即使这样，76 人依然追平了网队最糟糕的赛季开局连败数——18 场。这场比赛是 76 人自从 2015 年 3 月 25 日在丹佛客场赢球以来的第一次胜利。

这晚，科比的到场让富国银行中心的球票全卖光了，20510 个席位坐满了人；由于 76 人连年摆烂，他们早已失去了对篮球的热情，因此他们不是来看 76 人的，而是来看即将退役的科比的，对于他们来讲，能否终止连败也根本不重要。

当年还是劲爆小子的科比在与费城打总决赛时被费城小报起了绰号“家乡的失败者”，如今科比即将告别赛场，来自家乡的仇恨已变成自豪与感激。

“我压根没预料到这种反应——欢呼。”他说，“我深深地感激。真的，太特别了。”

开场跳球后，科比上来就上演了后撤步三分，下一个回合如法炮制，连得 6 分。费城球迷禁不住喊起了“M-V-P”，让人想起夺冠那年的科比。“那就像是老派科比的爆发。”76 人内线诺伦斯·诺尔说。

科比说，他相信开局的表现让看球的孩子们有些眼花缭乱，在科比职业生涯开始的时候他们多数还只是婴儿。“我能感觉到，他们那种感觉就像是‘我真的不想跟他对位’，‘81 分模式

I wasn't expecting that type of reaction -- ovation, Deeply appreciative beyond belief. It was really, really special.

2015年11月29日，斯台普斯中心，印第安纳步行者107 ：103洛杉矶湖人。当日轰动世界的新闻不是比赛，而是——科比 · 布莱恩特在赛后的新闻发布会上正式宣布赛季结束退役。这时刻，终于还是来了。（图片提供：CFP）

又开启了吗’，”科比笑着说，“实际上，我只是装出那种吓人的状态，我知道我的腿根本撑不了48分钟。”最终科比命中4记三分，全场26投7中，得到20分。

“Kobe！ Kobe！ Kobe！”富国银行中心的呼喊声不绝于耳。

半场时，76人功勋球星“J博士”和科比在费城高中时的教练唐尔现身，科比给了他们热切的拥抱。此后，科比的每一次投篮都面带笑容。

在观众席上，你能看到“谢谢你，科比”的标语。而更搞的是，有一条标语上写道：“为毛不让奇普 · 凯利代替科比退役？”奇普 · 凯利是时任NFL费城鹰的主帅，费城鹰战绩糟糕，而他又颇具争议地将球队核心球员麦考伊交易至水牛城比尔，饱受球迷诟病。第4节，费城球迷罕见地看到了赢球的希望，他们才把精力放到了家乡球队上，喊起了经典的“Beat LA！”。

最终，湖人落败。胜利虽然属于76人，但那一晚却永远属于科比。

2015年12月2日			
洛杉矶湖人 108 ： 104 华盛顿奇才			
时间	投篮	三分球	罚球
35:34	10/24	4/11	7/8
31分2篮板3助攻1抢断0盖帽2失误1犯规			

恐袭！ 和奥巴马没唠够

2015 年 12 月 2 日，湖人作客华盛顿奇才。当天早晨，科比到白宫做了简短的访问，还和美国总统奥巴马有过一段交谈。

“我们聊了很多有关比赛的事。”科比说，“也聊了很多有关未来的事以及接下来将会发生什么。能和他一起分享时光真是一件很棒的事。”

就在当天，同在大洛杉矶地区的圣伯纳汀诺市发生了骇人的恐怖袭击事件，14 人丧生、21 人受伤。法鲁克和他的妻子马里克将恐怖袭击的目标对准了圣伯纳汀诺康复中心以及一场由 80 位雇员参加的派对。法鲁克是巴基斯坦裔美国公民，而马里克则是在巴基斯坦出生的美国公民。他们是伊斯兰国的支持者。也许正是因为这桩恐袭事件，让科比与奥巴马的见面不得不变得简短。

白宫、国会山、林肯纪念堂、二战纪念馆这一系列建筑离奇才主场威瑞森中心球馆并不远，值得一提的是，威瑞森中心球馆就紧挨着中国城。无论是美国本土球迷还是华裔球迷都能够在科比宣布退役计划不久，见证他最后一次以球员身份造访美国首都的机会。

比赛第 1 节中段，奇才在球场大屏幕上打出了纪念科比的文字：感谢你为我们带来了精彩的 20 年。科比则高举右手，向为他欢呼的球迷致以诚挚的敬意。

当晚的球票早早售罄，科比的表现也对得起球迷们的票钱。本场比赛科比 24 投 10 中，在 5 天 4 战的最后一场比赛中找回了当年的状态。科比的每一次投篮入筐，全场 20356 名观众都会报以欢呼。最后 30.8 秒，科比后撤步跳投命中，湖人 103 比 101 领先，全场欢呼，威瑞森中心俨然成了洛杉矶的斯台普斯中心。

“我曾认为这里的每一个人都恨我。”在一场暖心的比赛后，科比露出灿烂的笑容，“这真的很酷，伙计。”

而拿下 34 分、11 次助攻的奇才后卫约翰·沃尔说：“我们知道本场比赛会变成这样的气氛。他到哪里都会变成这样。”

I thought everybody hated me, It's really cool, man.

2015年12月2日，圣伯纳汀诺市遭受恐怖袭击。图为袭击现场车辆，车上满是弹孔。（图片来源：网络）

“我们都在享受比赛带来的乐趣，尝试打出正能量。”科比还说，“看上去我们都注入了活力。”

奇才主帅维特曼赛后风趣地说：“我们很幸运，只输了4分。”

湖人方面，主帅斯科特表示，科比的计划是尽可能多的先发，不要顾及赛程，如果出现疲劳，就适当做调整。显然这是科比的球队，科比拥有最终话语权。

“如果他告诉我‘我打不动了。’”斯科特说，“我就尽快让他下场，希望他能够在后面5到10分钟缓过来，如果还是不行，那就下一场见了。”

"黑曼巴"是夜猫子

湖人作客华盛顿奇才时，科比拿到了当时的赛季最高得分，31分。这一得分对当年的科比不值一提，但在生涯最后一个赛季得到这一高分，实属不易。科比使出浑身解数，才在最后时刻保住了湖人的胜利。在这一得分包括所有成就的背后，是科比从不停歇的训练。即便现在，他还是那个深夜练球的变态。

快船球星布雷克·格里芬曾听到科比半夜在沙漠疯狂骑行的事，且一直痴迷于这个故事。

"去年夏天，我去拉斯维加斯参加美国队训练营的第一天晚上，我听说科比在半夜里骑自行车穿越沙漠，而且骑了40英里。"格里芬说，"40英里？晚上？你认为这是真的吗？"

"我真忍不住想问他，下一次去能带上我吗？"格里芬补充道。

相信很多人都不相信这个故事的真实性。半夜里在沙漠中骑40英里的自行车？而且回到训练馆一直训练到早晨7点？太难以置信了！

但这个故事是真的。

2012年夏天，科比告诉私人训练师蒂姆·格罗弗，他想把骑自行车加入到自己的夏季训练计划当中。后来格罗弗设计了一条路线，然后在拉斯维加斯租借了三辆自行车，一辆给科比、一辆给自己、另一辆则给科比的保镖。第一次实战训练之前，他们三人都戴上了探照灯，然后沿着设计好的路线一路狂飙。

"我们大概骑了两个小时。"格罗弗说，"然后我们回到训练馆，并一直训练到早晨7点半。"

关于科比刻苦训练的故事很多，这里还有一则。

2007年，O.J.梅奥作为全美第一高中生参加了"科比篮球学院"。据科比说，梅奥曾问科比他们俩是否可以在训练营的某个时间一起练球。科比听到这位年轻后生的请求，爽快地答应了。"好的。"科比回应道，"我3点过来接你。"

第二天，梅奥疑惑地跑过来问科比下午3点怎么没来接他。

"我说的是凌晨3点。"科比平静地回答说，"不是下午3点。"

2015年12月4日			
洛杉矶湖人87 ：100亚特兰大鹰			
时间	投篮	三分球	罚球
35:20	4/19	2/10	4/5
14分3篮板5助攻2抢断2盖帽2失误2犯规			

为了那次后撤步，科比拼了

2015 年 12 月 4 日，湖人来到亚特兰大。亚特兰大是佐治亚州首府，美国第九大都会，美国民权运动的中心。此外，可口可乐世界、CNN 电视中心以及马丁 · 路德 · 金纪念馆均坐落于此。科比想要给这座美丽城市的球迷留下完美的告别。

科比作客亚特兰大，鹰众将不得不做好球迷倒戈的准备。

“你得接受这个。”鹰主帅布登霍尔泽说，“我们赛前对此事做了简短的布置。我们统一口径，好好打，打出我们的风格，最终的结果证实了我们的话。”

鹰依然全民皆兵，霍福德 16 分、米尔萨普和贝兹莫尔各 15 分，鹰 100 比 87 拿下比赛，使科比的亚特兰大告别演出以输球告终。

这是科比宣布赛季结束退役的第三场比赛，他 19 投 4 中，拿到 14 分。虽难求一胜，但科比在比赛中还是偶有高光时刻，第 3 节中间时段，他连续投进三分，用手摆出“三”的手势，鹰主场菲利普中心随之沸腾，但实力的悬殊最终让湖人失利。

“我们本场比赛打得不错，下半场状态更好，打出了斗志，没有让差距过大。”科比说，“不幸的是，比赛在最后三分钟完全脱离了我们的掌控。”

比赛结束后，科比走到球场中央微笑着拥抱了鹰主将凯尔 · 科沃尔。科沃尔已在 NBA 征战了 13 年，是 2003 年“黄金一代”的重要成员；虽然第二轮 51 顺位才被选中，但后来逐步发展为联盟最可怕的外线投手之一。

“在这里打比赛总是充满乐趣。”科比赛后说，“即使我的身体依然酸痛，但是这个时刻不会再来了。来到这座球场，准备比赛。对我来说再也不会发生了。走进球员通道，我会继续向前看。我只知道要尽可能享受这些时刻。”

科比的年纪，加上湖人糟糕的整体实力，这场比赛的结果几乎没有悬念，但出于对科比的尊重，鹰主帅布登霍泽还是派上了防守悍将萨弗洛沙防守这位 17 届全明星。这让科比的远投整晚都很挣扎，但最后 4 分 46 秒，他还是设法完成了他的招牌动作：后撤步跳投。这一球帮助湖人将分差缩小至 83 比 87。尽管比赛结果不如人意，但科比拼尽全力投进的这一关键球让人依稀想起曾经那个无所不能的他。

2015年12月6日			
洛杉矶湖人91 ： 111底特律活塞			
时间	投篮	三分球	罚球
25:35	2/15	1/6	0/0
5分3篮板1助攻1抢断0盖帽3失误2犯规			

奥本山宫殿 DJ 没提当年那件事

2015 年 12 月 6 日，湖人作客底特律活塞。

活塞主场奥本山宫殿位于大底特律区北部，从底特律市区驱车上 75 号公路才能抵达奥本山市，一般需要半小时车程。这里曾是湖人失意的地方。2004 年，当时著名的“F4”沙奎尔·奥尼尔、科比·布莱恩特、卡尔·马龙、加里·佩顿率湖人杀入总决赛，却 1 比 4 被“平民军团”活塞干掉。湖人有主场优势，被外界广泛看好，但第一战便被活塞拿下，第二战拼到加时才拼下胜利，找回些许颜面。当时的总决赛主场分配还实行 2-3-2 模式，后面三战均在奥本山宫殿球场进行，湖人三战全败。就在奥本山宫殿球场，科比曾眼巴巴地看着活塞捧起总冠军奖杯。

其实，科比第一次在奥本山宫殿球场打比赛并非代表湖人。1993 年春，不满 15 岁的科比参加了一场以“魔术师”约翰逊命名的高中全明星赛。一晃眼，如今已是科比最后一次以球员身份造访底特律。

当年夺冠的那支活塞虽已远去，但如今的活塞重建之后已初具规模，再次成为一支强队。111 比 91 击败湖人后，他们拿下一波四连胜，手下败将包括火箭、太阳、雄鹿、湖人。“我们知道如果真的想要成为总冠军的有力争夺者，我们需要这样打球。”赛后，砍下 20 分的雷吉·杰克逊说，“我们正在击败那些我们需要击败的球队，我们在进攻端也在做正确的事。”

赛前，当球场的灯光暗下，DJ 梅森介绍了科比的一长串功勋，在介绍中，梅森还仁慈地跳过了科比 2003-2004 赛季总决赛败给活塞这一段。奥本山宫殿的全体观众站立着，为科比欢呼。

本场比赛，科比由于肠胃感冒错过了大部分的赛前热身，甚至赛后在接受媒体采访之前还去打了点滴。在科比投失了上半场全部 7 次投篮的糟糕状态下，半场结束时湖人以 42 比 65 大比分落后。尽管如此，第 3 节科比一次简单地突破上篮还是得到了球迷的欢呼。随后，科比投进一记三分，球迷给了他全场第二次欢呼，“KO-BE”的喊声响彻奥本山宫殿球场。

“如果不是我的最后一个赛季，本场比赛我多半不会去打了。”科比赛后身体很虚弱。但面对奥本山观众的热情，他还是上了场。

“整个过程让我更加成熟。”谈到在客场之旅中不断受到的告别式欢呼时科比如此说，“这也让我意识到我此前能够参与到篮球这项运动中是多么幸运的事。”

“这对科比来说十分艰难，他此前是联盟的终极杀手，现在他已经江河日下。”雷吉·杰克逊说，“明年联盟不再有科比，那真是一种奇怪的感觉。”

2015年12月7日			
洛杉矶湖人93 ： 102多伦多猛龙			
时间	投篮	三分球	罚球
31:49	8/16	1/4	4/5
21分8篮板4助攻2抢断0盖帽4失误3犯规			

老辈人忆迈克尔·乔丹，当打人记科比

2015 年 12 月 7 日，科比来到加拿大重镇多伦多。

因为科比，多伦多主场球票早早售罄。和别的很多城市一样，这也是科比职业生涯最后一次作客多伦多了。科比曾 33 次对阵猛龙，场均能砍下 27 分，总得分更是高达 891 分，可以称得上是“屠龙战士”了。而面对猛龙 5 次得分超过 40，这一纪录比其他任何球员都要高。

本来，新加盟猛龙的劲爆小前锋德马雷·卡罗尔要和科比对位，但由于右膝瘀伤，换成了特伦斯·罗斯。这是特伦斯·罗斯本赛季第一次先发，对位科比让他像是打了鸡血，砍下 22 分，其中第 4 节拿下 9 分，生擒了湖人。这样，猛龙在主场两连败后，终于在湖人身上捞到一场胜利。

反观科比，在头天晚上作客奥本山因生病仅拿到 5 分后，本场找回状态，16 投 8 中，拿下 21 分，赛季命中率也首次达到 50%。虽没有取得胜利，但科比的表现赢得了全场球员和球迷的尊重。当比赛还剩最后 24.6 秒，湖人主帅斯科特换下科比时，猛龙主场的球迷全体起立为科比欢呼致敬。

比赛中间，科比坐在板凳席上时，全场曾响起“我们要科比上”的喊声。关于此事，科比惊叹地说：“喔！喔！绝对令人惊讶。我坐在板凳席，他们就开始喊，‘我们要科比上！’我的想法就是再让我打 5 分钟。”

在洛杉矶地区长大的德玛尔·德罗赞说：“他离开比赛的一刹那，充满了太多意味，尤其是一些人，像我这样，奉他为偶像，从小到大看他打球。只要能和他对位我就已经深感荣幸了。当我老了，我可以把我和科比对位的故事加到我的回忆录中。就像是很多老前辈畅谈他们对位乔丹的故事那样。”

Wow! Wow! It felt absolutely amazing. Sitting on the bench and they started chanting, `We want Kobe!' (I was like), give me 5 minutes.

2015年12月9日			
洛杉矶湖人122 ： 123明尼苏达森林狼			
时间	投篮	三分球	罚球
24:30	5/13	1/2	0/0
11分1篮板1助攻1抢断0盖帽2失误2犯规			

千湖之城的先驱者

2015 年 12 月 9 日，湖人客场加时不敌森林狼。

明尼阿波利斯对湖人来说是个特殊的地方，是的，这是湖人的老家。1947 年至 1960 年，湖人就是在这里起家。明尼阿波利斯叫“千湖之城”，这也是“湖人”名称的由来。

对科比来说，明尼阿波利斯也是一个特殊的地方。上赛季，科比正是在这里完成了历史总得分超越迈克尔·乔丹的壮举；森林狼的 DJ 在介绍科比时也加上了“历史最伟大球员之一”这句话。

赛前，科比见到一位特殊人物，一个 84 岁的黑人老头儿。他在 1955 至 1957 年间效力湖人，是湖人历史上第一位黑人球员。

“他是先驱者。”科比感叹，“对于我们如今在比赛中打球的球员来说，很难想象他当初在个人和职业联赛方面所经历的艰难。”

12 月的明尼苏达已是冰天雪地，比赛却火热异常。科比投进了前三次投篮，其中包括一记三分；但此后仅 10 中 2，因此“赖”在了板凳上。

第 4 节，科比对主帅斯科特说：“让孩子们多打打吧。”于是明尼苏达的科比迷们只能看着偶像坐在板凳上了。很多科比迷身穿 24 号球衣挥舞着科比的大纸板头像，打着标语表达着对科比的崇拜。18000 名球迷嚷着：“We Want Kobe!”但科比还是让他们失望了，他不但坐在场边耗光了第 4 节，也耗光了加时赛。

新人们倒尝到了甜头。德安杰洛·拉塞尔砍下当时的生涯最高分 23 分，朱利叶斯·兰德尔也拿下“20+12”的数据。

“当我下场的时候，拉塞尔对我说，嘿，伙计，你打进了很多球。就像你当初那样。真棒！”科比说，“我说，我打进了很多，也投失了很多。这是你表现的机会，不像我，这已经是我最后的旅程了。所以你上！”

拉塞尔则说：“他可以轻而易举地找教练要最后一投的机会，给自己增光，能听到科比让我们充分发挥的话我们感到很荣幸。那本来是该让他投的。”

“很高兴我们能从前人那里得到支持，并且打出这样的高水平。”唐斯高兴地说。

2015年12月11日

洛杉矶湖人87 ： 109圣安东尼奥马刺

时间	投篮	三分球	罚球
28:59	5/12	1/5	1/2

12分6篮板4助攻0抢断0盖帽2失误1犯规

让科比一路小跑的人出现了

2015 年 12 月 11 日，湖人作客圣安东尼奥。这里的欢呼声没有之前的客场热烈，一方面是因为 2 月份湖人还将来这里作战，另一方面是因为马刺从来不缺少伟大。在蒂姆 · 邓肯的带领下，圣城已斩获 5 个总冠军，丝毫不比科比时期的湖人逊色。

在此前的季后赛对决中，科比率湖人 4 次击败马刺，其中 2001 和 2008 年都是在西部决赛。即使科比曾给圣安东尼奥留下这么多的遗憾，这里还是有科比迷。每一次湖人进球，他们都会欢呼。“看到这些穿我球衣的粉丝很高兴。”科比说，“这在圣安东尼奥是很少见的。”科比首节 5 投 4 中砍下 9 分，科比迷们一度陷入疯狂的庆祝。马刺球员不想让这样的气势太过，派上科怀 · 伦纳德防守科比，之后科比只投进一球。“我一直是好斗的，我要努力打好我的球，好好招待科比。”伦纳德说。本场比赛，伦纳德得到 16 分、11 个篮板，而马刺另一核心拉马库斯 · 阿尔德里奇拿下 24 分、11 个篮板。

阿尔德里奇是湖人夏天的痛。他两次与湖人会面，但最终选择了马刺。阿尔德里奇说，湖人当时过多强调场外的生意机会。对于这个问题，斯科特也表态：可能是我们犯了自己的错误。

无论经验还是深度，如今的湖人都无法与这支西部劲旅相比了。但湖人新明星拉塞尔打出 24 分、6 篮板、6 助攻的抢眼表现，科比也上场 29 分钟，拿下 12 分，上半场湖人只以 49 比 51 落后 2 分。

“每当我们和他们作战，他们都会把我们最好的状态给逼出来。”科比说，“我们整个赛季都在研究他们，看他们是怎么做、怎么打的。我们此前彼此之间的战役是史诗般的。”

最终因实力悬殊，马刺在第 4 节打出一波 30 比 16 的进攻高潮，一举拿下湖人。

比赛结束后，科比一路小跑来到马刺主帅波波维奇面前，亲切地拥抱了他，两人难得地聊了几分钟。科比希望退役后能够再打一次奥运会，波波维奇是美国男篮主帅，能够在退役前为波波维奇打一次球是科比最大的梦想。“我爱波波。”科比说，“我对他的尊重用言语无法形容，我永远会谦卑地聆听他的教诲，对他的教导洗耳恭听。”

They force us to be our absolute best whenever we've played against them, We are constantly thinking about them throughout the course of the year and always looking at what they're doing and how they're playing. We've had some epic battles.

2015年12月12日

洛杉矶湖人97 ：126休斯顿火箭

时间	投篮	三分球	罚球
31:09	9/16	4/9	3/3

25分7篮板6助攻3抢断0盖帽0失误0犯规

科比疯了 斯科特懵了

“这是一个一生只有一次的机会，看到科比再次打球。我之前没有机会看到乔丹真人打球，但是他（科比）就是乔丹的模型。”詹姆斯 · 哈登说。他赛前想要做些什么来纪念科比周六晚间作客休斯敦的比赛，最后他选了一双特殊的鞋子。“我甚至穿上了科比的阿迪一代。”哈登说，“我就以此来展示我对他的尊重，展示他为篮球这项运动所带来的一切。”

2015 年 12 月 12 日，湖人作客休斯敦时，火箭当家球星哈登说了上面的话。

休斯敦是科比曾浴血奋战过的地方。2009 年季后赛第二轮，他率领湖人和火箭大战 7 场才杀入西部决赛。再次来到休斯敦，早已物是人非，更衣室装修也好了不知多少倍。赛前，科比拿出准备好的四种颜色的 BodyAromr 饮料，整齐地放在更衣柜最上面。这样，无论赛前还是赛后的采访，摄像机总能照到那里。这一招表示准备转型为商人的科比已经摸到一些门道。

赛季初的火箭并没达到自己的预期，以至于总经理莫雷炒掉了麦克海尔教练。如果火箭拿下本场比赛，胜率就能升至五成，因此，火箭绝对不会放弃捏湖人这个“软柿子”的机会。不出意外，火箭第 4 节靠一波 13 比 2 的攻势以 115 比 93 领先，提前锁定胜局。

但输球没能掩盖科比出色的发挥。昨晚刚刚挑战了圣安东尼奥马刺，背靠背第二场，科比再次披挂上阵。上半场时，湖人 29 比 52 落后，科比率队打出 13 比 0 的强烈攻势，13 分中科比独得 11 分。37 岁的科比再现斗志，美国电视台还播放了中国高校在雪地里勾画科比面容的照片，让老美们一阵阵惊叹。主持人开玩笑地说：“Snowbe（发音接近 Snoopy，史努比，美国漫画人物）。”

最终科比拿下 25 分、7 个篮板、6 次助攻。虽然没能帮湖人取胜，但火箭主场显然已经沦陷。每一次科比接球，观众席的球迷们都喊着：“Kobe！ Kobe！ Kobe！”直到终场的时钟走完。

“我感觉我的节奏有点渐渐找回来了，我的腿也听使唤了。”科比赛后说，“我感觉很棒。我只是努力打，继续跑，希望能达到最好的状态。”

当科比赛后走下球场时，看到了昔日火箭老大史蒂夫 · 弗朗西斯，两人热切拥抱，此时球迷给科比的呼声继续高涨。

弗朗西斯是 1999 届球员，但他念完大学才进 NBA，年龄比科比大一岁半。这一岁半的差距加上久未上阵，让弗朗西斯看起来已老态龙钟，而科比依然能在球场飞奔，实在不易。

“我不知道呀。”主帅斯科特赛后面对媒体关于科比状态回升的提问无言以对，“我向上帝发誓，我希望我知道。我们此前还聊呢，这可是背靠背啊，可他看上去打得更好了，但是我懵了。”

这场比赛后，湖人 8 个客场之旅终于结束，科比也总算可以歇歇了。

2015年12月15日

密尔沃基雄鹿95 ： 113洛杉矶湖人

时间	投篮	三分球	罚球
27:26	7/15	3/7	5/5

22分3篮板6助攻0抢断0盖帽2失误2犯规

科比擒下“巨人捕手”

2015 年 12 月 15 日，湖人迎来一支看似强劲的对手——雄鹿。之所以这样说是因为雄鹿虽在东部排名不高，却在迎战湖人之前的一场比赛中破掉了卫冕冠军金州勇士的连胜势头，勇士也因此止步 24 连胜。那场比赛，雄鹿可谓扮演了“巨人捕手”的角色。

乘着胜利之势的雄鹿就这样来到洛杉矶。湖人虽以糟糕的 1 胜 7 负结束了客场之旅，但别忘了，这里有“烈士暮年，壮心不已”的科比。

赛前，湖人的好消息来了。乔丹 · 克拉克森在脚踝扭伤缺席两场比赛后可以上场，而雄鹿的内线核心、战胜勇士的关键人物格雷格 · 门罗当天早晨在比弗利山庄的投篮训练伤到了腿，湖人赢球的希望增加不少。

比赛开始的 2 分钟后，科比得到外线三分的机会并果断出手。空气球。不过此后科比一有机会还是继续投，并且连进 4 球，第 1 节便拿到 10 分。

“他是篮球比赛最伟大球员之一，只要给他机会，他会让你难堪。”基德说，“他今晚也是这么做的。”

到第 3 节，科比连得 4 分，将领先优势扩大至 18 分，随后湖人的领先达到 22 分，这是本赛季湖人创造的最大领先。最终湖人 113 比 95 战胜对手，科比则 15 投 7 中，拿下 22 分、3 个篮板、6 次助攻。在科比的带领下，湖人送出赛季最多的 26 次助攻，抢下 18 个前场篮板，赛季第一次 7 人得分上双。

“我的腿感觉好多了。”科比说，“我感觉我进入了更好的节奏。我的腿能够跟上我的想法了。”

本场比赛，科比整晚都沐浴在“MVP”的呼声中，科比在板凳上休息时，球迷依然在呼喊着他的名字。

“对我来说，这十分特殊，因为我想要用每一个机会感谢这座球场。”科比说，“我全力以赴，因为我知道机会转瞬即逝。”

在打了 27 分钟，不仅拿到出色数据且帮助球队战胜了强敌的情况下，科比被问到有没有打算取消退役计划。

“不。”科比笑了，“说实话，不会。”

2015年12月17日			
休斯顿火箭 107 ：87 洛杉矶湖人			
时间	投篮	三分球	罚球
32:02	9/16	2/6	2/7
22分8篮板3助攻0抢断1盖帽2失误2犯规			

“黑曼巴”时光逆转

2015 年 12 月 17 日，湖人主场迎战休斯敦火箭，科比将迎来一位特殊的客人，他的名字叫特雷沃 · 阿里扎。

2007 至 2009 年，阿里扎效力于湖人，并帮助科比拿下属于科比自己（科比当选 FMVP）的第一座总冠军奖杯。阿里扎是 2007 年 11 月被从魔术交易至湖人的。在湖人的第一年，赶上科比闹着要离队，幸好赛季中途保罗 · 加索尔鼎力加盟，使湖人一路杀入西部决赛。不幸右脚骨折后，阿里扎在对阵马刺的西部决赛的第二场复出，帮助湖人杀入总决赛，可惜输给凯尔特人。第二年，阿里扎全勤出战，其中还有 20 场先发。他的防守得到禅师的称赞，被赐绰号“眼镜蛇”。在当年的季后赛阿里扎大放异彩，帮助湖人拿到总冠军。

阿里扎经历坎坷。1996 年，阿里扎和他的母亲前往委内瑞拉观看继父的比赛。他最小的弟弟 6 岁的塔加在酒店玩耍时，失足从高楼摔下而死。这段经历让阿里扎久久不能释怀，为了纪念自己的弟弟，他的第一个儿子也取名塔加。如今塔加已经 8 岁，而且时常问阿里扎为什么不给他也取名特雷沃 · 阿里扎（美国很多父子共用一个姓名，用二世或三世来区分），阿里扎笑笑，他希望找个时间将真相告诉儿子。科比知道阿里扎的这段经历，也知道塔加来观看比赛。

本场比赛，科比做了一件他本赛季一直没有做过的事——突破扣篮。那是一记面对火箭替补中锋克林特 · 卡佩拉的扣篮，气势如虹。扣完科比吐吐舌头，有些不好意思。整个斯台普斯为科比沸腾了。

“我已经预料到第二天的头条了：科比时光逆转。”霍华德说，“我之前不认为他有能力再去做这件事，但是这真的很酷。我们得知这个老家伙依然还有些运动能力。”虽然有着赞扬，但不可否认，“魔兽”的话中含有一丝贬损的意味。

“我的腿回春了。”科比说，“我不知道这股劲儿是从哪儿来的，但还是来了。我无法解释。我感觉我能保持这股劲儿，但是随着时间的流逝这股劲儿总是忽来忽去。有时我掌控它，有时则是它掌控我，所以我只能泰然处之。最好不要认为自己老了。所以只要条件允许，我认为这么做很酷。”

科比本场得到 22 分、8 个篮板、3 次助攻，湖人 87 比 107 输给火箭，但成绩已不重要，关键的是科比给斯台普斯带来了久违的欢乐。

当比赛的计时器响起，比赛结束，科比走到场边看到了塔加。他忍不住过去抱抱他、举起他。塔加生活在洛杉矶，每一次阿里扎回洛杉矶都要带儿子看比赛。这一次，塔加见证了科比的时光逆转。

飓风之城 “雷神”请客

2015年12月19日，湖人作客俄克拉荷马城。比赛前一天晚上，科比与凯文·杜兰特吃了个饭。

俄克拉荷马城是个鸟不拉屎的地方，每年春夏之交还会有飓风。有人把俄克拉荷马城评为最不适合实现美国梦的几座城市之一。如果搭乘飞往俄克拉荷马城的航班，你会看到候机大厅里百分之九十都是中老年白种人。住在这里，夜晚宁静得吓人，不过这也让人清心寡欲，把精力集中在一件事上。也许正因为这座城市生活的简单枯燥，这里的人为主队加起油来声势威猛，雷霆主场也被称为“魔鬼主场”，以至于赛后主帅斯科特对湖人众将的评价是“被吓到了”。

“这帮家伙在场上需要好好学。”斯科特说，“他们打得真不好，我们今晚囧透了。如我之前跟他们说的，在每一方面他们都看上去很可怜。我们毫无斗志。对手却比我们打得努力。看上去就像是我们对他们充满敬畏。”从这段话就能猜出比赛的结果了，湖人78比118惨败。杜兰特和维斯特布鲁克三节打卡下班，而科比因伤未能出战。

科比因伤无法上场是在比赛之前一个半小时宣布的，伤的位置是他此前做了手术的肩膀。比赛当天早晨，科比肩部酸痛非常，萌生了休战的念头。但科比表示，此后即使疼痛也会出战。

37岁的科比上一场对阵休斯敦火箭时完成一记突破扣篮，科比称，疼痛早在那之前就开始了，即使他看上去状态好转了，但只是表面现象。可他认为问题不大，预计周四会出战对阵掘金的比赛。

“今夏的手术是一次很大的手术，所以我预计在某些时候酸痛是符合逻辑的。”科比说，“我只能向前看了，好好休息争取回来。”

科比西装革履坐在板凳席，不断与周围的年轻人交谈。

“如果某人能够在职业生涯中完成自己的梦想，而且是在职业生涯一半将过的时期，那真的是一件壮举。”杜兰特说，“即使他从未拿过冠军甚至MVP，他也依然在他的职业生涯里征战了20年。那太惊人了。没多少人配得上这份荣誉。”

杜兰特认为那正是他想要的职业生涯。

That was pretty heavy-duty surgery I had this summer, so I think it's kind of logical to expect it to be sore at some point, I've just got to get ahead of it, just rest it and come back.

2015年12月22日

洛杉矶湖人 111 ： 107 丹佛掘金

时间	投篮	三分球	罚球
32:11	10/22	2/9	9/11

31分3篮板5助攻1抢断1盖帽1失误2犯规

看完《星球大战》就爆发

2015 年 12 月 22 日，湖人作客丹佛。这座城市海拔高达一英里，因此有人称作客丹佛是“高原作战”。虽然近年来掘金实力不强，但强队时常在这里输球，主场百事中心也成为客队的梦魇。

曾有记者在百事中心的餐厅要了可口可乐，服务生做出不解状：“先生，我们这里是百事中心！”丹佛人的个性让这里的比赛充满乐趣。

虽然平日一直捧着科比，但当湖人主帅斯科特看到科比在宣布赛季退役决定之后变得悠哉悠哉，也开始着急了。教练是靠战绩吃饭的，球队没成绩他的饭碗难保。他希望湖人全队能够在科比宣布退役后更加斗志昂扬。“我想我们中的任何人都不希望看到科比的最后一个赛季成为这样。”斯科特说，“我们想要让科比打出巅峰的状态，有机会再拿一座总冠军奖杯。但现实是，那不会发生。”

上一场客场对雷霆，头天晚上科比和杜兰特出去吃了饭，而这次，科比又去看了新近上映的《星球大战：原力觉醒》。

“我完完全全地放松了。”科比说。挑战掘金前，湖人 4 胜 23 负，西部排名倒数第一。

本场比赛上半场最后 1 分 55 秒，当贾马尔 · 尼尔森罚中第二次罚篮，掘金已 64 比 43 领先 21 分。丹佛新星威尔 · 巴顿给湖人制造了不小的麻烦。“巴顿一直在冲击我们的防线。”斯科特说，“我问科比，是否想要去防他。他说‘是的，把他交给我了’。片刻之后，科比的作用开始显现。”

科比的防守产生效果，湖人在第 3 节开始扭转局势。在科比带领下，湖人打出 27 比 10 的攻势。第 3 节，科比背后妙传路易斯 · 威廉姆斯，后者命中三分。此外，科比多次用转身投篮化解了掘金队的包夹。终场前 1 分 23 秒，湖人 103 比 100 领先，此后科比两罚两中，又靠一记跳投，锁定了湖人的第 5 胜。全场比赛科比出战 32 分钟，得到 31 分，效率很高。

“今晚的比赛属于布莱恩特，我们没有人能防住他。”掘金主帅迈克 · 马龙说，“我们得好好反省。他们值得钦佩。那是他们的一场大胜仗。”

“我还是能打打的。”赛后科比自嘲道，”而且今晚是对我能否在攻防两端都发挥作用的一次考验。”

爆发的背后

许多年前，科比的比赛充满了疾风式的突破以及风车扣篮，那时拉伸、冰浴、按摩之类的理疗过程用科比自己的话说就是“零”。然而，当进入37岁，科比的伤病已布满身体的各个重要部位。要知道，他在NBA赛场上已经奔跑了超过56000分钟！

“这个孩子历经磨难。”在湖人干了32年首席训练师的加里·维蒂感叹，“这些磨难都惊心动魄。确实惊心动魄。就像如果你曾去过茂宜（夏威夷的一个县）的话，并且开过通往哈纳（茂宜小镇）的公路的话，那绝对是一条非常难开的路（哈纳公路HI-360上有620个弯道和59座桥梁。哈纳公路沿途有茂盛的雨林、飞流的瀑布、倾伏的池潭和壮丽的海景），如果你开到那里，你就能欣赏到那里的美景，但是那真的是一条非常难开的路。”

在职业生涯的最后一个赛季，科比有着不断强化和精心辅助的一系列治疗方案，以此达到减少伤病并提升赛场表现的目的。湖人已经雇佣了一大批理疗专家、训练师以及按摩师，他们中的一部分人表示，他们的主要任务就是服务科比，而且是全天候的性质。球队之外，科比还有个人聘请的理疗专家，其中包括一名神经肌理疗师、两名脊骨神经医师（一名在科比所住的橘县，一名在洛杉矶县）、一名来自南部城市圣地牙哥的活力释放理疗师以及几名拉伸专家和一名力量训练师。

有时科比需要全身浸入到冰水中，有时则需要平躺在桌子上，面对一堆理疗专家对他进行诊疗。有时则需要用一种看似手提钻、价值3500美元的设备对他的腿进行穿刺。

如果科比能够成功打完他的第20个赛季，或者能够再次在球场上扣篮，那一定是这些专家一起努力的结果，他们让科比老化的身体再次复苏。

“他要去很多专门设置的房间，会有专人在那里为他准备好。”湖人首席体能师狄·弗朗西斯科笑着说，“在他上场之前已经有很多幕后工作完成了，对，幕后完成。”

湖人的更衣室结构并不复杂。从正门进去是一条相对有些长的走廊，最里面是更衣室内部；进到更衣室，右手边便是理疗室，不允许记者进入，但从偶尔敞开的门和玻璃窗里你会时常看到科比在里面接受诊疗。

对科比来说，没有常规的例行理疗。负责科比理疗的专项小组人员认为科比的治疗没有止境，也就是说怎么准备都不为过。他们所要应对的是科比随时可能发生变化的身体。这些理疗专家，甚至包括科比自己在内都将每天的身体状况称为“未知领域”，因为从没有一名后卫打过这么久的时间，从没听说一个遭受跟腱撕裂的球员恢复后还在这样打球，科比的状况毫无先例可循。

Lakers honor another retiring legend in Gary Vitti

Kobe Bryant and Byron Scott celebrate with Gary Vitti on Sunday when the retiring Lakers trainer was honored by the team. AP Photo/Mark J. Terrill

作为队医，加里·维蒂为洛杉矶湖人工作了整整32年，帮助湖人12次打进总决赛、8次夺取总冠军。在科比退役后他也退休了，但未来的2个赛季他依然会是湖人的顾问——也算是湖人"颁发"的最高荣誉了。

在退休之际，加里·维蒂接受美国各大媒体的采访，分享自己为科比·布莱恩特等湖人巨星保驾护航的心得与体验。（图片来源：网站截屏）

"很难。他还想保持高水平的竞技状态，而不是一种中间状态，这不是说着玩的。"湖人首席理疗师赛托说，"我们的工作永远不够。他需要的是他想要的那种状态。就他现在的情况来讲，这究竟是何苦呢？"

科比将他和理疗团队所要面对的自己的身体状况称作一个"谜"。他们这些人聚集在一起只有一个目的：科比。科比时常说，他的身体要保持良好的状态需要一个全天候的过程，在有比赛日或相关篮球活动时，科比通常是当天下午的中间时段到达球场，而准备过程在那之前很久就要开始。

科比首先需要与一位私人训练师碰面，确定他身上的哪个部位感到不适以及是否让他感到不适。

科比的大脚趾、足部、跟腱，尤其是在2013年4月受伤的左跟腱经常要做拉伸。他需要时常做膝部和脚踝的橡筋带阻力训练，这样可以帮助他提升滑动关节伸肌的活动范围，同时也能够对理疗师的相关理疗过程给出建议，做好韧带和肌肉灵活性的提升训练。

科比到达球馆的时间通常是在开球之前至少两个小时，这样能够让他完成大量的交叉性质的理疗准备。科比到球馆后，会先通过常规的投篮训练让自己出一身汗，然后迅速进力量房，或者

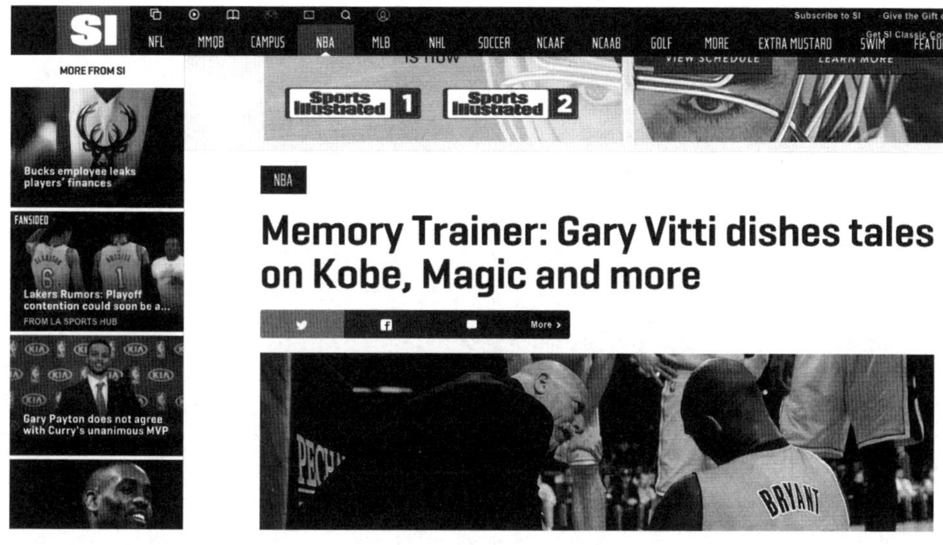

干脆直接做冰敷，这些常规的过程都会依照他的感觉做出调整。但一般他会先见到首席理疗师赛托。赛托是名女医师，1990 年以顾问的形式加盟湖人。她主要关注科比的颈部、肩部、膝部以及任何科比需要特别关注的部位。“我记录他的反应，以此为基础做好理疗规划。”赛托说。整个过程需要 10 到 15 分钟，如果他的肌肉出现疲劳状况，可能时间需要更久些。

然后，在比赛开始前大约半小时，科比还要会见湖人的按摩师约沃里。约沃里还有个绰号“芬”，因为他有芬兰血统。约沃里将对科比的四肢进行大约 20 分钟的拉伸，其中 80% 针对科比的下肢。他的工具是手握震动打击装置“猛禽”，能够穿透几层肌肉，每分钟的敲打次数能够达到 3600 次，这样可以帮助科比的肌肉苏醒。

最后，所剩的时间不多了。就在跳球前，科比会见狄 · 弗朗西斯科，与此同时科比还要听湖人主帅斯科特讲比赛的战术安排。狄 · 弗朗西斯科会对科比的髋部和臀部肌肉做大约 5 分钟左右的训练，通常是橡筋带阻力训练，帮助激活科比的下肢。客场之旅时，狄弗朗西斯科会确保科比在赛前做好时间安排，让科比在客队酒店点一道清淡的骨头汤喝。

科比赛前的这一套准备工作大概要持续 40 分钟时间，一个接着一个。赛前在更衣室很难看到科比，科比通常是在后面的一间房间之内，身体正在经受揉捏、拉伸、放松以及其他准备过程。

这一套准备过程的顺序十分关键。

“如果他们没有按照流程来，我是不希望他们对科比做拉伸的。”赛托说，“我希望他们首先按照流程来，然后再激活科比的肌肉，再在科比上场之前做一些适当的拉伸。”

自然，湖人的训练师小组也要和湖人的其他球员合作，但科比是最优先的。

“他是我们关注的核心。”约沃里说。

科比的理疗工作并没有就此结束。在比赛过程中，湖人主帅斯科特会努力去交错安排科比的上场时间（虽然他并不能总是如愿），好让科比能够打30分钟左右，而不是在板凳席坐到腿部变僵。即使科比坐在板凳席，也要尽量让自己的身体保持放松。

赛后，科比与湖人各位理疗师的合作将会轻松些，或者说短暂些，因为那时他们的主要工作是让科比的肌肉放松，不是激活它们。除此之外，科比还需要对肩部和膝盖进行冰敷，训练中也是如此。因此，你在比赛后的视频或者训练后的录像中，时常能看到科比身上五花大绑，缠绕的正是冰袋。

科比赛后还需要喝巧克力牛奶。那是一种低脂且含有可可粉和由绿草喂食的牛的牛奶饮品，由专门提供绿色有机食品的美国大型超市 Whole Foods 提供。

相较而言，这些工作所花费的时间比科比上场的 30 分钟多之又多，实际上每一个准备环节在科比的整个职业生涯中都没有像最后这一赛季这样重要。

“理疗的作用非同小可，效果十分明显，让人受益匪浅。”赛托说，“也许当你年轻时你柔韧性很棒，弹跳力很强，你看不到拉伸、休息、康复以及冰敷带来的效果。你可以拒绝吃健康食品。现在，你老了，情况截然不同。此前那 2% 到 3% 的不同，到如今已经变得十分明显了。”

对于那些负责科比日常理疗过程的人，每一环节的重要性随着他接近职业生涯结束而被逐渐放大。“我知道他的最后一场比赛近了。”赛托说，“但是，我对他每天所做的不会变，因为这些工作一直在进行。”

约沃里则认为：“能够成为科比理疗组的一部分我非常荣幸。他的最后一场比赛会让每个人感到伤感。人们不禁会问‘我以后该怎么办’。”

科比称这些专项理疗师都各有所长。比如，一位脊骨神经医师可能专攻一个方面，而其他人则在其他方面发挥作用。“那就是我有很多理疗师的原因，这样我就可以平衡我的身体所需。”科比说，“如果是对下肢，这个家伙更出色。如果是其他，那个家伙也许更棒。他们就像是一块拼图的各个板块。”所有这些图块需要在科比上场之前一一拼好。

“科比一直在坚持这套程序。”维蒂说，“当他来到球馆，他就能够把状态调整好。”

赛托也说：“由于他此前就开始了这个过程，每天如此，他准备好比赛的时间就会缩短。”

对于加速自己的准备工作流程这件事，科比贡献颇多。湖人的训练师们都赞扬科比不仅了解自己的身体，还知道一些医学小知识，这能够很好地帮助他对不同情况作出不同调整。

“这些年来，他对我们跟他说过的话十分关注。”维蒂说，“因此，他知道髂胫束症候群是什么意思。他也知道腰方肌是什么。他还知道竖脊肌。他会过来跟我说‘我需要在这做放松’。很多球员都不知道，但是他知道。‘你在做什么？那是什么？’他总是这么问。你得好好表扬下他这个特点。”

维蒂对科比的称赞依然在继续，这是因为科比接受了 Fusionetics 这项体育伤病防治与康复发展计划。该计划由迈克·克拉科医生创立，已被多支职业体育球队引用。“我想是去年（2014 年），科比最终同意接受了 Fusionetics，他的训练更棒了，在我看来。”维蒂说。“他总是在身体上花费很长时间。但是，和其他事情一样，当你到达这个阶段，做多少都不为过。光努力去做都不够，你还要更聪明些。他现在真的在聪明地工作。”

“我百分之百支持他现在的训练内容，我之前从未感觉这么强烈，因为当你不按照正确方法训练时，你实际上就是在原地踏步，我们很难让你跳出那个状态。”维蒂接着说：“不撞南墙不回头，加倍努力……别再那样了。如果你坚持练到累为止，你就会陷入我之前提到的那个境地。那正是我们想要让你摆脱的。”

科比称 Fusionetics 计划极有帮助。此外，科比在球队之外雇用私人训练师也没什么好奇怪的。“他总是跳出这个圈，但不是百分之百这样，他有他自己的人，因为他有自己的时间表。”维蒂说，“如果他想凌晨两点训练，我们的人无法到场。而他有 14 个人负责此事。所以他需要有人愿意这样服务。结果不是人手多，而是忙不过来。”

约沃里笑着说：“对我们来说，按我们的时间表已经不够用了，但是对于他的人来说，那可是巨大的挑战啊。”

“我接过他深夜打过来的电话。”狄弗朗西斯科说，“我也往他住的橘郡的家去过。”

狄弗朗西斯科表示，针对科比的工作量已经超过多数人所能承受，但是他却每天都要承受这些令人厌烦的过程。

“这很难，但是我爱比赛。”科比说，“我经历什么样的艰难都无所谓。当你愿意为某事经历令人厌烦的过程，那意味着你真的、真的爱它。因此，我不介意。”

科比如今所采用的赛前准备方式和早年截然不同。

科比说：“当年我来球馆，风车式扣篮后就跟没事人一样。现在我需要做拉伸才能够到篮板。我现在依然能够做到这些，来到球场，做全身肌肉的唤醒，然后做 360 度扣篮。”

赛托说：“以前，他能够毫无保留地发挥，而且第二天完全恢复过来，不是什么问题。再做一次，也不成问题。因为他能够恢复。现在，我们只能看他第二天的状态如何，因为我们不确定他的恢复状态。我们只能等，直到第二天再看。”

随着时间流逝，科比改变了，因为如果他想继续职业生涯的话，就别无选择。

“他是如此天赋异禀，而且整个职业生涯都是那么上进，以至于不是所有事都能适用于他的身体。”维蒂说，“但现在他再也不能像曾经那样。为了能够继续打出他此前的状态，他需要每一件事都按照正确的方式去做，他自己也意识到了。而且他多多少少找到了他自己的方式。”

“随着年龄的增长，你的身体将会变得更僵硬。”维蒂说，“随着年龄的增长，阻碍人们训练的最大障碍就是他们的柔韧性，因为你能够看到他们越变越僵。速度不如以前，跳投也没以前跳得高了。当你用你的上肢而不是下肢的力量去驱动皮球迫近篮筐时，你自己也会无奈地笑。”

虽然科比决定在最后一个赛季的每一场比赛都出战，但身体并不配合。在前 17 场比赛中，科比的投篮命中率只有 29.6%。

事情在 12 月 7 日发生了改变。当时作客多伦多猛龙，科比赛季首次将投篮命中率提升至 50%（16 投 8 中）。此后的 7 场比赛，科比的上场时间和投篮次数均有所下降，命中率也提升至 48.2%。科比自己认为 12 月 11 日对阵马刺的比赛是个转折点，虽然他此前预计在 8 场比赛的客场之旅中自己的腿会感到疲惫，但却感到了一种刷新的感觉。

2014-2015 赛季，科比因右肩旋转肌肩袖撕裂赛季报销，后来休了近 9 个月。当时科比声称自己只需要找回此前的感觉。“我想每一个因素都需要考虑进去。”科比说，“不是说我要立即做到什么。我想那需要一段时间，再打出延续性，延续性涉及到拉伸、水合作用、营养、冰浴、理疗等等。这些因素的综合作用将会使我的身体达到一个坚实的状态，我现在就是这样，希望我能够保持。”

尽管科比逐渐掌握了如何维持自己身体状态的要领，他还需要接受一个事实，那就是他的身体机能确实已经退化，虽然他的意识还在。

“那是百分之百正确的。”科比自己也承认，“这些我已经习惯了，我已经习惯了做现在的自己。就像是‘稍等，不，我做不了那个。倒霉。’”

“那是真的。我能够观察到某些正在进行的事情，要是在过去，一步就到那儿了。现在，我做不到。我得找到新的办法去达到。”科比补充到。

在无比赛日，科比每周会去力量房 3 到 4 次。进行包括橡筋带阻力训练、重量训练等等。狄弗朗西斯科表示这样的训练一般持续 20 到 40 分钟，过程“非常安静而且非常有侧重”。

按摩和理疗，科比也更多地放在无比赛日。一般来说上午 10 点开始，持续 30 分钟，主要集中在臀部、右肩等关键部位，提升机动性、拉伸易损韧带。

此后则是冰敷环节，这是最常规的恢复活动。科比的冰敷集中在肩部、膝部、大脚趾，每个部位的时间都在 15 分钟左右。

球队每一项工作都力求安排好，以确保科比的身体充分接受这些过程，保证他下一场能够继续登场。

“我有过担心。”维蒂说，“不是他此前撕裂的跟腱，也不是他上赛季撕裂的旋转肌袖，我关心的是他的另一跟腱和他的膝盖骨腱。同时他的另一旋转肌轴也是我担心的。”维蒂这样说是有原因的。“年轻球员走路崴脚，很快会恢复。当他渐渐成熟，他知道哪条路有坑、怎么小心地绕过，或者干脆走不同的路。”

“我想那正是科比需要解决的。”维蒂说，“我如何能到达同一地方，但是经过不同的道路？究竟怎么做？我们真的不知道。这是未知领域。”

科比职业生涯的终点近了，一个问题一直在那，科比这 20 年经历了这么多，他是如何一直保持状态的？

“几乎所有的 NBA 球员都会在生涯末期为自己此前运动生涯的耗损付出一些代价。”维蒂说，“基本上，他们都消耗掉了膝盖中的软骨。我们称其为骨关节炎。几乎所有这些家伙生涯末期都遭受臀部、膝盖的问题。科比也有这样的问题。那个问题总是会不断地困扰他，我们走着瞧。”

那么此前科比有看到这么远码？

“是的，我对此想了很多。”科比说，“我的身体感觉非常 OK，这令我感觉非常舒服，我仍然非常关注这方面的问题。我此前有些非常严重的伤势，但是它们没有和背部相关。背部问题一直让我担心。但是，幸运的是，我一直没有这个问题。其他的伤势我能够修复。”

科比一直在寻求保持健康的方式，保持身体平衡，科比还一直用他的所谓的“婴儿步伐”来看他究竟能够做到什么程度，他甚至用到比赛中了。

“你习惯踩油门了，油门就在那，没有限制。”赛托说，“现在，有限制了。比赛中，一场接一场，背靠背，客场比赛，到底 E（Empty）档何时到来？很难知道。”

赛托每天都需要观察科比在不过度损耗身体的情况下能够做到怎样的地步。“他努力有所保留，但是我们不知道他的油箱里还有多少油。”赛托说，“就像是‘你怎么知道你还剩多少’，他一直在努力求索。”

如科比说的：“不可能判断出来，因为你不知道还有多少剩下。所以你只能像婴儿爬那样，慢慢找。”

随后科比举了 12 月 17 日败给火箭的例子。“如果你看那场火箭的比赛，第一次突破，我被阿里扎防着，但是我上篮成功了。”科比说，“那是我整个赛季第一次爆发式的冲向篮筐。我上篮成功了，感觉非常棒。那就是婴儿步伐的其中一步。此后我想，也许我可以扣一个试试。”科比说，“于是我找到了机会，进行了尝试。”

科比做到了，单手怒扣克林特·卡佩拉。

“我需要一步步来。”科比说，“我能想要去扣篮已经很疯狂了。要是在以前……”他终止了谈话，笑了。

2015年12月23日

俄克拉荷马城雷霆 120 ： 85洛杉矶湖人

时间	投篮	三分球	罚球
27:56	7/22	2/7	3/3

19分 1篮板 3助攻 1抢断 0盖帽 2失误 3犯规

湖人是只猫，雷霆是只狗

“听着，我们要对我们所要面对的情况以及我们现在俱乐部的状况现实些，”科比说，“我的意思是，你可以训练一只猫让它像狗那样汪汪叫，但是这只该死的猫是不会汪汪叫的。所以，冲着它嚷是毫无意义的。”

2015 年 12 月 23 日，圣诞节前的最后一战，湖人主场迎战雷霆。赛前湖人还为每一位前来看球的观众发了一个“小雪人”娃娃。

胜负方面，湖人与雷霆的这场比赛可以说没有丝毫悬念；但雷霆（改名前为超音速）在选中“杜维二少”前，湖人一直按着雷霆的脑袋打。这就是所谓三十年河东，三十年河西，风水轮流转。

据统计，过去 15 次交手，雷霆赢了 12 次，而且他们输的三场比赛都是在湖人主场。但在这 15 场之前的 15 场，雷霆输了 14 场。显而易见，“杜维二少”扭转了乾坤。

今天，湖人所要面对的这支雷霆两天前客场灭掉了阵容强大的快船。雪上加霜的是，湖人前锋朱利叶斯·兰德尔因脚踝扭伤无法出战，外线重要火力点尼克·杨圣诞节前吃得太 High，犯了肠胃炎；湖人只好从发展联盟召回塔勒克·布莱克和莱恩·凯利。

几天前湖人作客雷霆主场，科比因肩膀酸痛选择休战，这一次回到主场，科比的复出也没能改变结果。

一上来，雷霆老大凯文·杜兰特主动请缨防守科比，科比的底线投篮被这位 2.06 米的大个子扇了出去，三分球 4 投 0 中，其中包括一记在湖人板凳席跟前投出的空气球。杜兰特的盖帽功力日趋凶狠，上一场对阵快船，杜兰特用一记盖帽在最后 5.8 秒扼杀了克里斯·保罗的赢球希望。

“我很久没有和他对位了，我都忘了他有多高了。”科比说，“他在比赛中毫无畏惧。他的背身单打越来越多。以他的身高，他的盖帽你根本躲不过。他就是一个梦幻般的球员。那种对抗我会怀念的，那种斗志正是比赛的乐趣。”

上半场雷霆的投篮命中率高达 56%，湖人第 2 节虽然靠科比的发挥抹平了 15 分的差距，但

It was like the starting gates opened up and the horses ran out, That third quarter, they just blitzed us, man. They got ahead with their athleticism and their speed and their length, and we we couldn't get the game under control.

接着雷霆又打出一波 14 比 2 的进攻高潮，以 57 比 46 结束上半场。让湖人更无奈的是，雷霆在第 3 节的前 5 分 21 秒里打出了 22 比 0 的强劲攻势，一举将领先扩大 33 分。对阵掘金时独砍 31 分的科比本场比赛 22 投 7 中，拿到 19 分，还在上半场完成本赛季的第二次扣篮，但科比知道，靠他一人无法扳倒雷霆，比赛也过早地失去了悬念。

“那就像是大门敞开，万马奔腾。”科比说，“第 3 节他们急袭了我们，用他们出色的身体素质、速度、身高，我们对比赛完全失去了控制。”

下一战，科比将迎来职业生涯的第 16 次圣诞大战，这也是一项 NBA 纪录。科比保持着圣诞大战总得分第一，383 分；虽然过去两年的圣诞大战他因伤缺席，但这个总得分依然无人撼动。

人人都爱 LA

虽然此前三个赛季湖人在自由球员市场上毫无作为，但同在 LA 的快船主帅道格·里弗斯认为，湖人依然是自由球员的顶级归宿。里弗斯的这番话说在圣诞大战之前是因为他们就要面对湖人，面对最后一个赛季的科比。

“我想他们始终都是自由球员的一个选项。”里弗斯在斯台普斯中心接受采访时说，“LA 的两支球队依然是所有人的选项。你每天都能看到 LA 拥挤的交通，难道不是吗？人们喜欢住在这里。真的。虽然这里的税高（洛杉矶县的消费税为 9%，科比所住橘县的消费税为 8.5%，可能除了在超市买菜不缴税，其他的消费均要附加 9% 的税），他们还是爱住这里。这能够给你传递些信息吧。而且湖人还很有钱，因此我想这里是很多人的目的地。”

科比退役加上其他一些因素，湖人将在明年夏天释放出 5900 万美元的薪金空间，这个空间全联盟只有常年摆烂的 76 人可以比拟。这些钱足以签下两份大合同。

实际上，过去的几个休赛期，湖人都曾不遗余力地争取超级球星的加盟，2015 年夏就曾招募过德安德鲁·乔丹，可惜乔丹未能加盟。

“首先，很多家伙最终不会离开自己的球队。并不像你们想的那么多球员愿意离开。他们中的很多人也都没有离开。如果他们中的有些人改变了主意，那是惊人的。那很难做到。招募那些家伙很难。但是他们都会在最后做出正确的决定。他们有太多钱了。他们有钱是因为他们住在 LA。”里弗斯这番话实际是在暗讽湖人夏天挖乔丹不成。

湖人主帅斯科特回忆了当时挖乔丹的过程。“我们告诉他我们这支俱乐部的成就，来这里一切都是关于总冠军。”斯科特说，“但是我们所说的基本上是能够和一些年轻才俊同时起步，那将是他的一个全新的开始，他能够帮助那些家伙成长。”

斯科特强调，当时他们告诉乔丹，他们会得到一些非常重要的拼图。“我们绝对是冠军的争夺者。”但乔丹夏天不但没有来湖人，而且还反水小牛，最终与快船签下 4 年近 8800 万的合同。

2015年12月25日			
洛杉矶快船94 ： 84洛杉矶湖人			
时间	投篮	三分球	罚球
26:04	4/10	3/5	1/4
12分3篮板3助攻2抢断0盖帽3失误0犯规			

科比不善圣诞战

科比最棒的一次圣诞战是在 2004 年，当时他拿到 42 分，但那场比赛湖人最终在主场加时负于热。不知为何，虽然科比职业生涯大部分时期球队实力雄厚，但他所参加的圣诞战战绩仅为 6 胜 10 负，面对热队更是 4 战皆败。

科比的圣诞大战总得分目前排名第一，实际上，早在 2012 年他就打破了奥斯卡 · 罗宾逊 377 分的纪录。湖人是幸运的，幸运在他们有科比；科比是幸运的，幸运在他为湖人效力。自 1998 年起，湖人一直在打圣诞大战。

“有一些复杂的感情在里面。”科比说，“我的意思是，我已经习惯打圣诞战了，那是我家庭生活的一部分。”

2015 年 12 月 25 日，湖人对阵快船，科比前三次投篮均投失，但在第 2 节找到手感，拿下 9 分，更在 29 秒内连续投进三分，帮助湖人把 17 分的分差一度缩小至 10 分。“今晚，我的骨头一直僵着。”科比说，“我整晚都被疼痛索绕，但是我依然感觉能打好：在我上场的时候打出全面的比赛。因此，那个想法一直激励着我。”

但是，三节过后，湖人 57 比 85，几乎无力回天，湖人和快船都换下了全部主力。斯科特把德安吉洛 · 拉塞尔、朱利叶斯 · 兰德尔排成替补的战术开始奏效。兰德尔 2 分 56 秒内砍下 9 分，第 4 节刚打了 3 分钟，湖人已将比分追至 72 比 87。而快船的替补 18 次投篮 15 次投失。里弗斯只好撤下替补，湖人则继续替补应战。虽然斯科特知道科比上阵或许能出现奇迹，虽然湖人主场球迷一直喊着科比的名字，但斯科特明白，科比不能打了，因为他已经在板凳上坐了超过 6 分钟，他已浑身僵硬，无法应战。

“在那个特殊时刻，科比已经坐了 6 分钟，他已经停了一段时间了。”斯科特说，“所以我不准备让他再上，这是很容易的决定，说实话。”

湖人在最后 4 分 01 秒一度靠兰德尔的罚篮将比分追至 82 比 89，但克里斯 · 保罗和韦斯利 · 约翰逊各投进一记三分，湖人还是落败。

There's a little mixed emotions, honestly, I mean, I'm so used to playing on Christmas. It's kind of become a part of our family routine.

2015年12月27日			
洛杉矶湖人96 ： 112孟菲斯灰熊			
时间	投篮	三分球	罚球
24:00	6/15	2/8	5/6
19分2篮板3助攻0抢断0盖帽3失误2犯规			

单节 14 分向苦主致敬

2015 年 12 月 27 日，湖人作客孟菲斯。在猫王的故乡，湖人这支被科比此前形容为“猫”的球队没有讨到什么便宜，因为这次他们遇到的不是“狗”，而是灰熊。

科比在赛前就表示，灰熊后卫托尼 · 阿伦是他职业生涯中面对的最难缠的防守者，换句话说，托尼 · 阿伦是科比的苦主。托尼 · 阿伦 2004 年首轮第 25 顺位被凯尔特人选中后，一直以防守悍将著称。他身高 1 米 93，身体强壮，以这个身高在 NBA 竟可以打小前锋。

2008 年，科比和保罗 · 加索尔第一次率领湖人杀进总决赛，遭遇凯尔特人，科比面对的就是托尼 · 阿伦。那一年，湖人 2 比 4 败北，托尼 · 阿伦给科比制造的麻烦令他终生难忘。

“他的基本功非常扎实。”科比这样评价托尼·阿伦，“长臂大手、体能超棒。他一直刻苦训练。算是一位老派的球员。耐心坐下来看录像让他十分了解我的进攻路线。”

面对强硬的防守是一种严峻的考验，尤其是面对一生最难对付的防守球员时，想要完好无损打满整个赛季的科比会更慎重。科比本考虑休战，因为膝盖有些酸痛，但孟菲斯球迷对科比十分狂热，科比怔住了，他觉得如果不打的话，“真的、真的会让人感到不舒服”。于是，尽管膝盖酸痛，科比最终还是决定上场。

其实，科比是有信心的。数据说明了一切，在所有对阵灰熊的球员中，科比的得分超过了其他任何球员，而且作客灰熊主场联邦快递球馆他也保持着最多得分。此外，2007 年 3 月 22 日，科比曾在作客灰熊的比赛中疯狂砍下 60 分。但那时的灰熊还在痛苦中挣扎，如今可谓如日中天，阵容完整，核心球员正值壮年。

作为湖人先发小前锋的科比没有和托尼 · 阿伦有太多交手的机会，因为马特 · 巴恩斯加盟灰熊最终让托尼 · 阿伦待在了替补席。但第 1 节后半段，科比还是碰到了这个被他称为最难对付的防守者。只见科比通过错位轮转拉到外线，托尼 · 阿伦人丛中分过，冲了出来。科比外线出手位置已经挪到了三分线外一步，托尼 · 阿伦扑了上来，不偏不倚正好挡住了科比的视线，且在纵身跃起的过程中反弓着上身，防止被进攻队员制造犯规，所有人都面向篮筐，皮球应声入网。投进

The pressure is on everyone to try and fix things, so you have to communicate and teach and be better next time, You can't get emotional about it. You've got to get technical about it.

USA TODAY NEWS SPORTS LIFE MONEY TECH TRAVEL OPINION 56° CROSSWORDS ELECTIONS 2016 OLYMPICS MORE

Kobe Bryant to Tony Allen: 'Best defender I ever faced!'

AJ Neuharth-Keusch, USA TODAY Sports 10:52 a.m. EST February 27, 2016

Dec 17, 2013; Memphis, TN, USA; Memphis Grizzlies shooting guard Tony Allen (9) guards Los Angeles Lakers shooting guard Kobe Bryant (24) during the fourth quarter at FedExForum. Los Angeles Lakers defeat the Memphis Grizzlies 96-92 Mandatory Credit: Justin Ford-USA TODAY Sports
(Photo: Justin Ford, Justin Ford-USA TODAY Sports)

the most trouble with individually was Tony Allen. Always"

According to stats provided by Basketball Reference, Bryant has averaged 25.7 points on 42.1% shooting in 23 regular season games against Allen. In the playoffs, they've faced off 10 times, and Bryant has averaged 26.4 points on 38.7% shooting in those matchups.

2015年12月27日，湖人客场对阵灰熊。第一节末，科比面对托尼·阿伦的防守，试图进攻。科比曾多次公开发言，托尼·阿伦是他对位过的最好的防守者。(图片来源：《今日美国》)

这球，科比将比分追至14比18，但第1节湖人全队只拿到23分，灰熊则轻松拿到32分。

个人数据上，科比单节砍下14分，可以说面对老对手托尼·阿伦，最后一个赛季的科比发挥十分出色。

科比第1节的疯狂点燃了另一名老将的激情。“老飞人”卡特在第2节上半段高位运球找到机会，推进到篮下，此时兰多夫已为他卡好位置，卡特纵身跃起，右手猛地将球砸进篮筐，怒吼着降落在地板上。卡特的滞空能力依然出色，虽然他已飞不了当年那么高了。

1977年出生的文斯·卡特比科比大一岁，但作为98级的他，还是要比以高中生身份进入NBA的科比少征战两个赛季。科比是1997年扣篮大赛冠军，1998年NBA没有举办扣篮大赛，1999年联盟停摆，2000年卡特横空出世，战胜弗朗西斯、T-Mac两大扣将，拿下扣篮大赛冠军。职业生涯后半段，卡特的进攻方式大为收敛，从此前的场场必出十大扣篮，到此后的外线为主、突破为辅，这样也延长了他的职业寿命，其职业生涯长度已远远超出当年专家们的预期。

此战，“老飞人”卡特出场14分钟，拿到2分、2个篮板；“黑曼巴”科比出场24分钟，拿到19分、2个篮板、3次助攻。

2015年12月28日

洛杉矶湖人98 ： 108夏洛特黄蜂

时间	投篮	三分球	罚球
32:04	5/20	3/12	7/8

20分4篮板2助攻0抢断0盖帽3失误2犯规

神奇的录像带

2015 年 12 月 28 日，湖人作客夏洛特。这是一座中产阶级居多的城市，和美国其他城市不同，这里的市区不叫“downtown”，而被称作“uptown”。我好奇地问出租车司机这是为什么，他表示自己也不清楚，一直就这么叫来着。Uptown 中到处是美国各大银行的高楼。这里到了晚上也很安全，而不像其他城市那样，到了晚上 downtown 就变成了最危险的地方。

在这座富有的城市，科比预计将见到最富有、最成功同时也一直是他追赶目标的前 NBA 天皇巨星迈克尔 · 乔丹。赛前，科比与乔丹通了电话，可惜乔老爷子正在度假。“他在那边度假，玩得很 High。”科比说，“我告诉他我都有些妒忌了。然后他回应‘你很快也会像我这样的’。”

电话挂断，科比有些失落，最后一次作客夏洛特见不到乔丹了。但是，细心的乔老爷子已为科比准备好了厚礼。赛前，科比接到了一段乔丹事先录好的录像。录像中，乔丹称赞科比的职业生涯是“难以置信的职业生涯”，这段录像同时也在跳球之前用作比分板的屏幕上播放。乔丹还把 1996 年两人第一次碰面时的情景称作“很有竞争力的对位”，那次对位让乔丹“精神焕发”。

“你的存在一直在推动篮球这项运动。”乔丹说，“你帮助了 NBA。你帮助推进了整个联盟，我非常确定你在全世界都有球迷。我也是你的忠实粉丝。我一直喜欢看你的比赛，我为你以及你在这项比赛中所获得的成就感到高兴。”

“那真是令人充满敬畏。”科比说，“我们此前经常交流。但是看到我队友赛前的反应真的很有趣。兰德尔当时都傻了，‘太惊人了。那可是迈克尔 · 乔丹啊！’”

除了“神奇”的录像带，这场比赛还来了 NFL 的球星，同在夏洛特的卡罗莱纳黑豹队线卫奎区利。他特地为科比而来，队友凡克斯也跟来助阵，另一名队友哈珀还穿了科比的球衣以示其忠实粉丝的身份。

尽管如此，背靠背征战的疲劳还是让科比力不从心。全场三分球 12 投仅 3 中，终场前 1 分 02 秒，他的三分球让湖人追至 95 比 102，但这记进球是他下半场第一次开张，黄蜂领袖肯巴 · 沃克随即在三分线左侧回应一记，湖人彻底失去希望。

似乎是因为看到乔丹对科比的祝福，黄蜂的球迷便全场倒戈。科比退场时，他们喊着科比的名字久久不停歇。湖人主帅斯科特说，那是他见到的最疯狂的一次客场。

“我只是想赢而已。很高兴能在科比最后一次作客这个球场的比赛中与他竞争，击败他也是很棒的。”沃克说，“我可不想为了送他一场胜利而当叛徒。”

2015年12月30日			
洛杉矶湖人112 ： 104波士顿凯尔特人			
时间	投篮	三分球	罚球
33:09	5/18	2/5	3/5
15分11篮板3助攻0抢断0盖帽4失误3犯规			

NBA 生涯的转折点

“就职业生涯的后半程来讲，2008 年那次总决赛输球是最重要的一段经历。”科比说，“当我们在 2008 年输球，那就成了转折点。当时我对自己说‘我得当好领袖，我不能忽略这件事’。”

2015 年 12 月 30 日，湖人作客波士顿。凯尔特人主场 TD 北岸花园球馆让科比回忆起无尽的往事，只是物是人非。“我无法相信这已经是我最后一次来这里打球了。关于我们总决赛的记忆就像是发生在昨天。”科比说。

来到 TD 北岸花园球馆，球场的大幕暗下，科比静静地坐在板凳席上等着 DJ 喊到自己的名字。他低着头，抱着膝盖，即使这样仍有无数的镁光灯对着他，习惯了成为焦点的科比，沉浸在自己的世界里。

当解说员喊道：“24 号，科比 · 布莱恩特”时，TD 北岸花园球馆的球迷起立欢呼起来，科比站起身，望着满场当年与自己为敌的球迷，用右手碰了碰自己的胸膛，然后恭敬地挥了挥手。

“我想情况就应该是这样的，他走到哪里都是这样。”凯尔特人后卫艾弗里 · 布拉德利说，“他给 NBA 来带了太多太多，每个人都感激他所做的。”

不过，科比第一次触球时，欢呼声很快变成了嘘声，因为很多球迷忽然意识到，科比一直以来就是他们的敌人，或许是整个 NBA 中最大的敌人。

科比在上半场前 7 次投篮以及一次罚篮都没投进，但在上半场最后时刻接连得分，帮助湖人一度 51 比 44 领先。

第 3 节，客场作战的湖人打得无所顾忌，打出一波 21 比 4 的攻势，湖人 83 比 69 领先凯尔特人。“我们打出了能量。”朱利叶斯 · 兰德尔回忆说。

凯尔特人毕竟是具备季后赛实力的队伍，不会允许西部垫底的球队在 TD 北岸花园球馆撒野的。第 4 节前 6 分钟，凯尔特人将分差缩小至 11 分，随后又打出一波 9 比 0 的小高潮，将分差缩小至 98 比 100。这时，湖人的小将有些把握不住比赛了，TD 北岸花园球馆球迷的加油声也一浪高过一浪。

104 比 102，湖人在最后 2 分钟不到的时间里，只领先两分。就在这时，科比挺身而出，就

I wish I could do more to show my gratitude to them, It's a weird feeling walking across center court, looking down at that logo. I tried to cherish it as much as I can.

2015年12月30日，TD北岸花园，洛杉矶湖人112 ： 104凯士顿凯尔特人。恰好是科比宣布赛季结束便退役的消息整整1个月之际，他挥别了自己、“紫金军团”乃至洛杉矶的终极仇敌——波士顿。（图片提供：CFP》）

像 5 年前在这座球馆所做的那样，一记远距离三分，将比分改写为 107 比 102。科比最终拿下 15 分、11 个篮板，帮助湖人 112 比 104 灭掉凯尔特人。这是科比本赛季第一次两双，也是他职业生涯第 173 次两双。

“我们从精神上垮掉了。”绿军前锋杰 · 克劳德说，“那真的让我们很挫败。我们努力往回赶，但是太晚了。”

“我希望我可以做到更多来感谢球迷的爱戴。”科比赛后表示，“从球场中央走过，感觉有些异样，我看着凯尔特人的标志，真的从心底产生一种珍视之情。”

2015年12月30日			
洛杉矶湖人 112 ： 104 波士顿凯尔特人			
时间	投篮	三分球	罚球
33:09	5/18	2/5	3/5
15分11篮板3助攻0抢断0盖帽4失误3犯规			

执念

在一次丹佛的客场之旅中，科比坐在酒店大堂，一位记者侧坐在科比身旁，科比听到一段发生在 20 年前的故事，但对于科比来说这段故事是全新的。在故事的叙述过程中，科比的眼睛渐渐亮起来。当故事讲完，科比把它称作是“最他妈酷的故事”。随后他又重复骂了一遍，语调不自觉地拉长，走回到房间。“伙计，那可是我听到的最酷的事情，因为我从小到大都在看奥尔巴赫执教的比赛！你知道我说的啥吧？我还读过他的很多著作。”

科比说：“我之前从来不知道，他还知道我的存在！”

“红衣主教”奥尔巴赫有着自己的一套战略。先后用比尔·拉塞尔、约翰·哈夫利切克、拉里·伯德这几位关键人物创造了凯尔特人多次的冠军荣耀，最终他以教练身份拿到 11 枚总冠军戒指，以总经理身份拿到 4 枚、以总裁身份拿到 1 枚。

1996 年尔特人的主帅是 ML · 卡尔，奥尔巴赫则是球队总裁。卡尔将奥尔巴赫的办公室称作是一座博物馆，也并不是所有的决定都需要提交到奥尔巴赫的办公室。当年卡尔来到奥尔巴赫办公室那张大木桌前，向奥尔巴赫请教如何做好 1996 年的选秀，他们握有高位选秀签，卡尔的困惑之一就是是否要选科比。

听完这个故事后，科比为凯尔特人此前为他所作的研究工作感到惊讶，更对卡尔对当年面试自己的高度评价感到吃惊。

奥尔巴赫的确看到了科比的球探报告。当时凯尔特人的球探是维茨曼，他在报告中称：“没有什么东西是这个孩子做不到的。”不过凯尔特人还是有些顾忌选科比的风险，因为科比是从高中直接进入 NBA 的。此前只有 70 年代的摩西 · 马龙、达里尔 · 道金斯以及 1995 年的凯文 · 加内特成功了。但奥尔巴赫并非惧怕冒险的人，他曾选中了 NBA 第一位非洲裔球员，也是第一位用五个黑人先发打比赛的教练，还是第一位雇用黑人当主教练的总裁。奥尔巴赫和卡尔聊了科比出色的投篮，卡尔还赞扬了科比对比赛知识的了解。“我想这个孩子会成为一位非常棒的球员。”奥尔巴赫这样告诉卡尔，“但是事情总是两面的。他看上去很棒，但他只是个高中生。你要从你今天所需的情况作出判断。但是我认为他是一位很棒的球员。”奥尔巴赫深深地吸了一口雪茄烟。“好吧。”奥尔巴赫告诉卡尔，“现在由你来做出选择。”

当被问到对颜色的第一反应时，科比露齿而笑，说：“凯尔特人绿。”

由于父亲乔·布莱恩特在意大利联赛效力的缘故，科比小时候在意大利生活过一段时间，祖父母只好把80年代湖人和凯尔特人总决赛的录像寄到遥远的国外，寄给科比。虽然越来越爱湖人，但科比更加钦佩湖人伟大的对手凯尔特人。

“伙计，那是我最怪诞的行为。”科比说起他对颜色的反应不断摇头，“我不知道那是否是凯尔特人绿色的神话，但是他们带给我训练的套路，找到空位，投篮随即跟到，那就是绿色的光芒。”

“我看着绿色的球衣，自问‘我真的要穿上它吗’，我对我穿上我支持球队敌队的球衣感到很舒服。但是，我很快摒除了这个想法。我知道我很快会成为职业球员。我了解这支球队的历史，知道他们所得的惊人成就。所以，我很快摒除了我此前的想法。”

科比如期参加了凯尔特人的试训，当时指导凯尔特人试训的是凯尔特人功勋球员丹尼斯·约翰逊，他曾随凯尔特人拿下两届总冠军，其中包括1984年战胜湖人的那届。

“看到丹尼斯·约翰逊，我当时感觉自己很酷。”科比回忆道。

试训那天，十几位凯尔特人的高层观摩了这个在他们眼里十分有趣的孩子，但奥尔巴赫没有到场。在一小时的试训里，科比没有令他们失望。“我告诉你，他的投篮很棒，我们很欣赏。”卡尔回忆说，“有些难以置信。我们让他做了很多接球投篮，又让他做了运球过中场，后撤步投篮。三分也投了。但是那个时间有些短，我们不足以做出判断，因为我们知道他将要面对的是此前在高中没遇到过的防守。”

“但是后来他就像是在空中飞。”卡尔说，科比的试训，让他们想起了另外一位在空中飞的家伙。

“如果你闭上眼睛，稍微想想，你会以为你正在看迈克尔·乔丹。”当时的凯尔特人经理沃尔克说，“他每一方面都做得很好，超过‘很好’。他所做的每一件事都是卓越的。我们这样评价，他是多么能让人想起迈克尔·乔丹呀。”

“我想不到用其他更好的方式来形容那次试训。”维茨曼说，“除了卓越之外，没有别的词能更好地形容他。”

科比的面试在凯尔特人的办公室进行，十几位教练组成员和管理层成员出席。奥尔巴赫又没来。

“当我告诉你这些故事的时候，我不想说太多有关湖人的好话，但是我显然在直截了当地告诉你，科比在这次面试中表现非凡。”卡尔说，“他的这次面试是我之前见到过的最好的面试。科比已经和这个联盟中的球员一样了解NBA。他能够从历史的高度审视凯尔特人。他可能要比任何一个凯尔特人球员17岁时都更了解凯尔特人。”

卡尔回忆，科比讲述凯尔特人的历史时，从拉塞尔一直谈到了伯德；每一名球员他都点评了多个方面，并且剖析了让这些球员成名的重要事件。科比还援引了一些特别的季后赛系列赛以及大量的总决赛对决。卡尔认为，科比对联盟简直了如指掌，不止是凯尔特人，还有湖人、76 人以及尼克斯。

“我当时说‘你这小子真令我惊讶’。”卡尔说，“坦白地说，科比讲的这些东西，有些我都不太了解。我就坐在那里听他侃。而且我还记得当时的凯尔特人助教琼斯，我们当时正在聊科比这个孩子，琼斯说：‘他正在学习比赛。他还了解比赛。而且他对这些知识充满感恩。’”

经理沃尔克则形容科比当时“泰然自若”而且十分“健谈”。沃尔克补充道，科比“十分成熟，超出我们对普通高中生的预期”。

对科比的面试持续了一个小时，时间几乎是其他球员的两倍。

“他没有提及冠军戒指的事，但是他提到了迈克尔 · 乔丹。”卡尔说，“他提到了伯德、‘魔术师’、‘微笑刺客’以及那些伟大的球员。我能看到他对‘伟大’的渴望。他知道所有这些家伙所得到的成就。他想成为他们当中的一员。我看到了他的渴望。毫无疑问，那是一种渴望。”

但从更深层次上讲，科比毕竟是一位湖人死忠粉，当时凯尔特人的高层们没有意识到这一点，科比也没有提及这方面的东西。“科比在面试中丝毫没有放弃的意思。”卡尔回忆道。

沃尔克则说：“我们无法拒绝他成为凯尔特人的一员，我们甚至不想让其他球队把他选走。”

“他从未说过‘尽一切所能选到我’，而是说‘我愿意成为凯尔特人’。”卡尔说，“我们没有感到他非要成为凯尔特人的意思，只是感觉到他乐于成为凯尔特人的一员。他所说的所有东西都是正确的。他讲起话来像是位凯尔特人。”

在科比参加凯尔特人试训的那一年，波士顿只是一支仅取得 33 胜的队伍，他们正在寻求方向，希望通过 1996 年的选秀重整旗鼓。波士顿的分析家和其他很多球队的分析家持有相同观点：这次选秀有 6 名球员不能错过，阿伦 · 艾弗森、马库斯 · 坎比、谢里夫 · 阿卜杜 · 拉希姆、斯蒂芬 · 马布里、雷 · 阿伦和安东尼 · 沃克。凯尔特人握有 9 号签，并通过交易换到了 6 号签，他们保证能够选到这 6 位中的一位。

“我们为了争到前 6 的签位削尖了脑袋。”卡尔说，“我们把目光放到了沃克身上，因为我从此前的观察已经对他有了充分的了解，而且沃克此前为肯塔基大学拿到了总冠军，从他的技术特点来看，他会成为一位令人难以置信的球员。”

“我们不在意这 6 个中的哪一位会落到我们手里。”维茨曼说，“我们只知道我们会拿到他们其中一位，因为我们需要即刻的帮助，而且这 6 位都准备好了即插即用，而科比，我们知道我们得等。而且你们都知道 NBA 是怎么工作的吧，谁都没有后眼。”

绿军球探维茨曼有十二年的工作经验，这些经验均来自于对大三、大四学生的观察。当大学球员变成职业球员时都会遇到挑战。“你需要意识到的是评估这些球员有多难。”他说。

举个例子，如果维茨曼观看一场肯塔基大学与杜克大学的比赛，其中一名球员鹤立鸡群，他知道这名球员很棒，因为他的竞技水平接近 NBA。如果这样衡量，大学球员与 NBA 有一步距离的话，那么高中球员就得是两步，那意味着要对这名球员做出更长远的评估。和其他球探一样，维茨曼对像科比这样的高中生没有太多的判断经验。即使这样，维茨曼也听到了科比“天赋异禀”的评论。他很了解科比的父亲乔·布莱恩特，乔在 NBA 打了 8 个赛季，先后效力 76 人、快船、火箭。“我知道科比有这样的基因，但是我对科比是怎样的球员还是充满好奇的。”维茨曼说。他曾特地造访了科比的高中，观看科比率队对抗另一支费城的球队，那场比赛还吸引了另一名尼克斯的球探。“科比鹤立鸡群，而且没有什么可以阻挡他。”维茨曼回忆，“我只看过他的一场高中比赛，但那已经是我所需要看的全部了。”

维茨曼说：“我告诉凯尔特人的管理层，这个孩子天赋极高，极具潜力，能够用特别的办法搞定比赛，但是要让他准备好在 NBA 球队作战可能还需要几年，这一点最终被证实相当准确。”

“不幸的是，我们真的等不起。”维茨曼补充。

在与奥尔巴赫做过沟通后，卡尔作出了最终决定。卡尔深谙 NBA 的历史，他只是想防止自己成为历史的罪人。于是 2.03 米的沃克最终加盟凯尔特人，结果也证实沃克的确有能力领导一支 NBA 球队。在沃克效力凯尔特人的 8 个赛季，他场均 20.6 分、8.7 个篮板、4.1 次助攻，在职业生涯第二个赛季便成为全明星，此后又两次入选。他还帮助凯尔特人三次打进季后赛，其中包括 2002 年的东部决赛。但后来的事实也证明，沃克显然没有达到伯德、科比这样的级别。

正因此，科比落到第 13 顺位，被黄蜂选中，并随即被交易到湖人以换取弗拉德·迪瓦茨。该交易至今仍被看作是湖人前总经理杰里·韦斯特的妙笔。

在选秀大会之前，卡尔曾和韦斯特有过几次交谈，但他从来没发现韦斯特对科比的兴趣。“那正是他成为伟大总经理的原因。”卡尔说，“他绝对不会错过这次良机的。”

卡尔补充道：“基于此后科比继续打出他神奇比赛的事实，我真的需要对韦斯特挑大拇指。韦斯特真的对选秀的运行具有一些不可思议的知识。”

沃尔克说：“湖人得到了这样的名声，即不止把握住了机会，而且再次达到了巅峰，这些是通过一笔对于潜在实力球员的交易完成的。当然，科比此后的职业生涯不止好过了沃克，甚至好过了所有同级的球员，目前他还是所有同级球员之中唯一一位还在打比赛的。”

回顾过去，维茨曼说：“不可能预测到他能够有如此伟大的职业生涯，以及这样伟大的比赛影响力。任何对你说出些不同的人，都被听上去不切实际，因为除了进入 NBA 打比赛，没有别的办法判断一位球员的未来。”

“我猜会有其他球队如我们一样后悔，因为他清晰地向我们证明我们错过了良机。”沃尔克说，“那时我们没有准备好要去选一位高中球员，除非有后眼，否则真的很难判断。如果我们真的有过后悔的选择，那就是当初没选他。”

“我们都喜欢他。他没有我们不爱的地方。”维茨曼说，“卡尔爱科比。他显然十分喜欢他。他一度尝试去得到他。”

至今，科比依然对当年“Super Six of 96（96 届最佳 6 人）”的说法耿耿于怀。

科比最后一次试训是在费城。当时的 76 人助教是莫里斯 · 奇克斯，奇克斯当时让科比从球场一边的底线跑到另一边的底线，同时计了时，科比跑出了不错的成绩。但奇克斯告诉科比，艾弗森比他快一点点。76 人拥有状元签，也最终摘到了艾弗森。

“我当时还是个顽固的孩子，我说‘这和打篮球有什么关系呀’。”科比说，“我想，那时我心生沮丧，因为我见过这 6 位球员，我知道我可以和他们竞争，而且实际上我知道得更多，我对比赛的热情超过了他们。你可以认为，这个说法至今困扰着我。至今，伙计。”

“我对此非常、非常耿耿于怀。”科比说。

科比还面临另外一个问题：当时仅有的几位成功的高中生摩西 · 马龙、道金斯、坎普（进了肯塔基，但是从未打球），都是大个子球员。

“我整个职业生涯都在证明我自己不差。”科比说，“甚至在高中，去全明星训练营，最终球员排名出来，他们总是说‘如果有什么可以让我们对未来有所把握，我们会说我们倾向于大个子球员。所以，一直以来都是他妈的，大个子、大个子、大个子。’简直快让我疯掉了。”

卡尔回忆了最终决定不选科比的会议。“我们互相瞅着。”卡尔说，“我们知道未来科比有可能会回来报复我们。我们那时就预料到了。”

科比听到这些有些不自然地笑了，他高兴的是他最终完成了复仇。他说他最爱的冠军就是第 5 个，当时湖人在令人疲惫不堪的总决赛第 7 战击败了凯尔特人。

“那是最甜蜜的，因为那是最艰难的。”科比说，“我有时仍在想，我们究竟是怎么赢下来的?那真是残忍的系列赛。体能透支。体能上的考验让我们倍感压力。”

科比还想起了当时球场外的一幕。湖人和凯尔特人在前两战战成 1 比 1，科比回忆起他们在机场准备去波士顿时与凯尔特人偶遇的情景。

“我就坐在飞机上，看着他们，他们很悠哉，肆无忌惮，因为两队在前两战打成 1 比 1，他们正带着一场胜利回家。”科比说，“看着他们兴高采烈登机的样子，对比我们当时登机的状态，我们痛苦不堪。我当时想：‘伙计，我会让他们去吃屎的。’”

众所周知，科比还在 2001 年总决赛击败了艾弗森的球队。那两届总决赛因此成了科比最自豪的成就。

“这些事对我意味着太多。”科比说，“就像是我有机会真的证明了自己。”

如果凯尔特人当年选了科比呢?

“我会努力承接伯德的衣钵。”科比毫不犹豫地说，“绝对的。我会充满自豪和荣誉地去实现我的冠军理想。”

考虑到湖人和凯尔特人的常年对峙，科比对伯德的崇敬或许会让有些人意外，但科比表示他当年向伯德学习就像是向“魔术师”和乔丹学习一样。

从伯德那里有学到特别的东西吗?

“把握时间。审时度势。让队友和自己一起保持顽强的作风。”科比说，“我当年真的在研究。伯德、乔丹、‘魔术师’就像是三位一体的神。我真的每一件事都在向他们学习。”

就伯德而言，科比表示：“噢，伙计，你根本无法想象我从这家伙那里学习了多少东西。噢，伙计。”

科比还提及了奥尔巴赫，“红衣主教”大人。“我读了所有关于他的书。”科比说，“最酷的故事就是他如何创建了凯尔特人王朝。换句话说，他当年带进球队的球员最终都变老了，他们感到了紧迫和未来的不确定性。因此奥尔巴赫通过改变球队的运行模式，改变了球队的文化，他这样说，‘听着，永远要做到你来对他们亲身传授。只有你亲自对他们进行传授，你的文化才能不断被传承。”

“正是这微小的改变，让他们年复一年地赢球。即使这一代球员老去，过气了，他们还会教此后的球员用同样的方式赢球，后面的球员也跟了上来。他们交替地做同一件事。我还是个孩子的时候就看他们比赛，读他们的故事，凡是和他们有关的东西，我都一一记住。”

采访过后，卡尔表示，他希望科比知道，在退役一到两个月之后，如果他不想做商人了，他可以来到凯尔特人，他们渴望科比的加盟。

“如果他还愿意回到比赛，告诉他到凯尔特人来。”卡尔说，“这样他可以在两家豪门同时拿到冠军。告诉科比，永远不晚！告诉他我们会让他实现伟大的梦想。”

当科比听到这些，他大笑起来。“有点不好回答呀。”科比笑着说，“去凯尔特人这个问题不能回答。首先当年他们都没要我，更别说以后为他们夺冠了。”

当要求回忆为什么错过科比这样一位伟大球员时，卡尔会心一笑：“我们不确定选中他后能够让他进入更高的境界。”

“喔，我猜那就是世纪的假设吧。”卡尔说。

2016年1月7日			
洛杉矶湖人115 ： 118萨克拉门托国王			
时间	投篮	三分球	罚球
30:56	10/19	2/6	6/8
28分2篮板3助攻0抢断1盖帽3失误2犯规			

礼物：夏洛特黄蜂 8 号球衣

2016 年，科比的第一战是客场挑战萨克拉门托国王。这场比赛前，科比已经因右肩酸痛连休了三场比赛。在这三场比赛中，年轻的小将们争气地拿下了前两战，在主场分别以 93 比 84 和 97 比 77 战胜了联盟战绩最差的 76 人和正闹着要换帅的太阳。这两战可以说有点白送的味道，但对于实力羸弱的湖人来说也算是意外之喜了。输的那场是主场迎战勇士，赶上库里伤愈复出，88 比 109 输得也不算丢人。

萨克拉门托是加州首府，在北加州地区，离旧金山不太远。加州的华人为了记住萨克拉门托市的英文发音，给这座城市起了个可爱的绰号“三块儿馒头”。

这是科比在萨克拉门托的最后一战，对于萨城来说，科比已经成为他们对手的象征性符号之一。2002 年的西部决赛，科比、奥尼尔在第 7 场联手砍下 65 分，踩着国王的“尸体”挺进总决赛，最终实现湖人的三连冠霸业。

当然，此时的科比已大不如前，投篮命中率仅为 34.1%，联盟命中率最差的球员没有之一，三分命中率也降到了 25.9%。但科比要证明的早已证明，他来这里只是和萨城的球迷们说声再见；同时他还要见一位差点改变自己命运的人，这个人叫弗拉德 · 迪瓦茨。

如今我们看到的迪瓦茨已是国王总经理，每天都在想着做交易，权衡着各种条件是否适合以及自己究竟该如何做才能让球队的阵容更加完善。总的来说，他的工作大部分都是在评估价值：这东西究竟值不值？签这个球员或者放弃这个球员究竟值不值？但 20 年前，迪瓦茨只是一位坐在经理办公室谈判桌另一边的大个子球员。他场均可以贡献出两双数据，是一个很好的交易筹码。一些球员的职业生涯会被交易数次，这个故事里所说的这笔交易是迪瓦茨一辈子唯一一次被交易的经历。然而，这笔交易却成为联盟历史上最重要的一笔交易，因为迪瓦茨要去交易的那个人极其特殊——一个叫科比 · 布莱恩特的 17 岁孩子。

1996 年，夏洛特黄蜂把在首轮第 13 顺位选中的科比交易到了洛杉矶湖人，他们则得到迪瓦茨。回顾那笔交易，迪瓦茨津津乐道，因为他换取的可是科比。

“那是对你价值的认可，你究竟对球队来说值多少。”迪瓦茨说。“如果他们用你来换科比，那表示你真的不赖。”

“我现在就这么说。”迪瓦茨笑了，笑声无比爽朗。

实际上，当年的迪瓦茨何止可以换科比，要是在其他队，说不定总经理们会认为，他可以换

10 个科比那样的毛头小子。

让我们好好评估一下当年迪瓦茨的价值吧。迪瓦茨 1989 年首轮第 26 顺位被湖人选中，菜鸟赛季便入选最佳新秀阵容，到 1993-1994 赛季，他已经可以场均拿下 14.2 分、10.8 个篮板，成为“天钩”贾巴尔之后第一位能够同时领先湖人得分榜和篮板榜的球员。一个赛季之后，他的得分已经涨到场均 16 分，同时也成为 NBA 历史上第 17 位前 6 个赛季得分均在增长的球员。

时间来到 1996 年，湖人爱上了来自费城高中的科比。当时的湖人总经理杰里 · 韦斯特竭力赞扬科比，最终时年 28 岁的迪瓦茨被交易至夏洛特。

“他们没告诉我具体情况。”迪瓦茨说，“他们只是突然告诉我他们已经做了一笔交易。就我个人来说，我不喜欢这种方式。所以我当时考虑要退役了。”

请注意，如果这位老哥当年真的就心一横，退役了，那么 17 岁的科比就只能在夏洛特混日子了，也就没有日后称霸一时的“OK 组合”，更不用说什么联手加索尔了，一切的一切都将改变。

“我的哲学就是，打球，打球享受快乐。我不想听命于旁人、说叫去哪儿就去哪儿。所以我琢磨着要退役。”迪瓦茨重申了当年的想法。

在那个时间点，迪瓦茨表示他不太了解科比，倒知道科比的老爹乔 · 布莱恩特，因为乔 · 布莱恩特在欧洲打过球，而作为南斯拉夫人的迪瓦茨也在欧洲混过。

“但如果是杰里·韦斯特要做交易，我就知道总会有些事要发生。”迪瓦茨说，“我感觉糟透了，但是我知道韦斯特参与进来，他知道自己在做什么，我确信这个孩子将来会有一个很棒的职业生涯。”

最终，迪瓦茨还是接受了这笔交易。这笔交易是湖人用以清理薪金空间的手段之一，因为他们要在自由球员市场抢下‘大鲨鱼’奥尼尔。当然，他们也如愿得到了奥尼尔。此后的故事就不用赘述了。

去到夏洛特的迪瓦茨表现甚佳，在黄蜂的 1996-1997 以及 1997-1998 赛季，他依然打出场均 11.7 分、8.7 个篮板的数据，还帮助黄蜂将胜场提升至 50 场以上。

“去夏洛特一待就是两年，我有点想洛杉矶了，但我还 OK。”迪瓦茨回忆说。

虽然能够理解韦斯特的决策，但迪瓦茨对湖人当年的这个决策始终心怀芥蒂，终于他发泄的机会来了。1999 年，迪瓦茨以自由球员的身份签约萨克拉门托国王，最终在主教练阿德尔曼的执教下与队友打出了行云流水般的华丽进攻，并对“OK 组合”形成巨大威胁。2002 年的西部决赛，双方战至七场方休，湖人最终胜出。

“那是史诗般的战役。”迪瓦茨说，“我们当年的那两支球队可能是联盟那几年最好的两支球队，我们互相促进，迫使对方变得更好。我想那也是两支球队的最佳机会。显然，我们最终未能战胜他们，但是能和湖人较量真的是充满乐趣，尤其是跟科比较量。他是他们成功的重要部分。

他们也迫使我们不得不变强。我想我们也让他们达到了自己的极限。我也很荣幸成为那段故事的一部分。”

2002 年西部决赛第 4 场，国王已在系列赛 2 比 1 领先，而且在第 1 节结束便取得了 20 分的领先。但此后湖人开始了绝地反击。第 4 节，迪瓦茨通过一次罚篮让国王 99 比 97 领先，当时距离比赛结束还有 11.8 秒。科比冲击篮筐，迪瓦茨奋起防守，科比的那记投篮未能打进。奥尔尼摘下篮板，二次进攻，也没有得手。

“我努力阻拦，希望时间早点耗完。”迪瓦茨说。

他确实拦下了，但球打得太远，落到了站在外线的霍里手中，这个家伙关键时刻沉着镇静，稳稳投进三分，比赛结束。

“基本上可以说，是我传球给了霍里，然后他投进了三分。”迪瓦茨感叹，“那真的是我们一段难过的时刻。”

如果当时迪瓦茨将球打飞，霍里没有接到球，国王获胜，系列赛大比分将变成国王 3 比 1 领先，国王只需再赢一场，湖人就将在西部决赛折戟。可惜历史无法改写。

2004-2005 赛季，有缘人重聚，迪瓦茨再度加盟湖人，与科比联手。

“我知道他对篮球充满激情，我每天都看他在苦练，如果你想知道为什么他这么成功，和他相处一段时间，就会知道原因。”迪瓦茨说，“他在训练的每一个环节都拼尽全力，就是按照他以往打球的路子，他也用同样的标准要求他的队友。那样也就让球场上的每一个人都变得更好。”

“很多家伙从他那里学到了东西，我指的是他对篮球的态度。”迪瓦茨说。

迪瓦茨表示，自己和科比之间从未聊过决定两人命运的那次交易。

“现在，这么多年过去，我很高兴他当年去了湖人，成就了这样的职业生涯，成就了最伟大的球员之一。”迪瓦茨说，“我对他钦佩有加。我认为他给这个联盟带来了特别的东西。我们都对他的职业生涯充满感激。”

现在迪瓦茨在做球队总经理的工作，对球员交易有了更充分地了解。“我最开始对这笔交易并不满意，但是此后，如果我站在杰里 · 韦斯特的角度想，我也会做同样的事。”迪瓦茨笑着说。

“我会用我自己去换科比，想都不用想。”

本场比赛结束时，球场靠近篮筐附近的坐席上站起一个有些白胡子茬的欧洲人，正是迪瓦茨。他和科比相逢一抱，让当年的故事画上了完美的句号。同时，迪瓦茨给了科比一件礼物。

“他给了我一件夏洛特黄蜂的 8 号球衣。那件球衣看上去令人震撼。”科比说，“这家伙还是一如既往地幽默，现在都可以称得上是幽默大师了。这个特点和我的挖苦话相得益彰。”

2016年1月8日			
俄克拉荷马城雷霆 117 ： 113洛杉矶湖人			
时间	投篮	三分球	罚球
28:28	8/20	1/5	2/2
19分4篮板6助攻1抢断0盖帽2失误3犯规			

失败之下蕴藏的能量

自从科比因肩伤打打停停以来，洛杉矶湖人已开始渐渐演化成一支蕴藏着巨大潜力的存在。从某种意义上，这正好迎合了总经理库普切克赛季初对这支年轻球队的信心。美国著名体育记者、8 届艾美奖得主斯卡普在接受采访时认为，此时的湖人正在将更多的精力放在给科比的送行上，而不是培养后继人才。他当时说这番话时并没有情绪激动的表现。

不经意间，这伙年轻人已经开始自力更生。主场先后拿下 76 人和太阳，虽输给卫冕冠军勇士，客场却几乎掀翻国王，把复出后的科比乐得不行。

这一战，打国王那场爆发的榜眼德安吉洛 · 拉塞尔有伤，上场时间恐受限制，雷霆却是来势汹汹。湖人是否已经脱胎换骨，这是正式检验其成色的一役。

第 1 节过后，湖人 28 比 32 落后，还算正常；第 2 节过后，湖人 53 比 60 落后，差距不到 10 分；第 3 节，湖人单节 32 比 30 领先，主帅斯科特的小胡子有些上翘了。

最后一节，路易斯 · 威廉姆斯爆发，包办了湖人的绝大部分得分，最后 1 分 58 秒更是靠外线造犯规的三次罚篮帮助湖人 110 比 107 领先。但别忘了雷霆是“双核处理器”，杜少不得分，维少补偿，他先是打三分成功，又助攻亚当斯完成扣篮。终场前 13 秒，湖人 113 比 115 落后，最后一攻的权利分配出现了分歧。究竟是由科比执行，还是给手感火热的路易斯·威廉姆斯？最终，科比执行最后一投并投失，湖人丧失逆转的机会。

“比赛就是这样。”路易斯 · 威廉姆斯说，“今年的第一场比赛也是在这打的，科比当时很自然地把比赛的制胜一投交给了我，今晚他选择自己来。上次是我。某些晚上他自己接管，我们对这种结果都泰然处之。”

这一场，科比拿下 19 分。年轻人的爆发，让他再次燃起了对胜利的执着。赛后的采访中，他一直计较说最后一投杜兰特对他犯规了。

“不是说我要发表什么看法。”科比说，“你们可以回去看录像，我最后出手的时候他打到了我前臂，球因此投短了。就是这样，但是这就是篮球比赛。”

It's not a matter of opinion, You watch the play, and he hit me on the forearm right at the end of my release, which is why the ball went short. It is what it is, but it's basketball.

2016年1月12日

新奥尔良鹈鹕91 ： 95洛杉矶湖人

时间	投篮	三分球	罚球
15:44	3/9	0/5	1/2

7分3篮板1助攻1抢断0盖帽1失误2犯规

Lakers trainer Gary Vitti wants to shut down Kobe Bryant for a week or two because of injury

Kobe Bryant stands on the court during the second half of a game against the Oklahoma City Thunder on Jan. 8. (Mark J. Terrill / Associated Press)

在2015年1月8日对阵俄克拉荷马雷霆的比赛中受伤后，湖人队医加里 · 维蒂建议科比休战一至两周，但科比仅休战一场便继续战斗，因为他必须在退役赛季尽可能多地回报自己的球迷。（图片来源：网站截屏）

蛮干下去后果不堪设想

2016 年 1 月 10 日，湖人主场迎战爵士，科比没有出战。拉塞尔也因右脚踝扭伤继续缺阵，湖人不出所料地败下阵来。

科比休战的原因是右跟腱拉伤。他此前那次跟腱受伤是左跟腱，那次跟腱受伤后，科比在随后的 205 场比赛中只打了 72 场。这次右跟腱也拉响了警报。

1 月 12 日，湖人主场迎战鹈鹕，科比先发出战，上场 16 分钟，拿下 7 分、3 个篮板，不得不提的是，科比全场 9 投 3 中，三分出手 5 次，全部投失。这场比赛科比没有打完，中途便退了场，原因依然是跟腱问题。跟腱酸痛。下场后，他坐在板凳席，还要在肩部缠上一大块冰袋；肩伤也让他在 1 月初缺席了 3 场比赛。湖人主帅也让他早点回家休息了。

“我不知道伤势到什么程度，但是显然非常困扰他。”赛后主帅斯科特这样形容。1 月 14 日，湖人作客奥克兰，客场挑战勇士。这场比赛是科比最后一次作客甲骨文球馆。不管能否出战，科比已决心踏上了前往北加州的航班。

湖人主帅斯科特告诉湖人的训练师维蒂，他想要让科比休战，但是那不太可能发生。科比还是想打。维蒂的建议是让科比休一至两周。

斯科特已经感觉到了情况不妙，如果科比继续这样蛮干下去，后果将不堪设想。他表示接下来的要务是自己、科比、维蒂还有湖人总经理库普切克坐下来讨论科比最好的结束职业生涯的方式。

2016年1月14日			
洛杉矶湖人98 ： 116金州勇士			
时间	投篮	三分球	罚球
27:28	4/15	0/4	0/0
8分6篮板3助攻2抢断1盖帽2失误2犯规			

就因为不愿离家太近

作为帮湖人得到科比的关键人物，杰里·韦斯特对科比是如何帮助湖人建立王朝的以及如何拯救后乔丹时代的 NBA 拥有第一话语权。

如今，韦斯特是金州勇士执行董事会成员之一。1 月 14 日，也就是湖人作客勇士，韦斯特那天回忆了科比的职业生涯，他认为科比是世界级的球星，在 NBA 具有不可替代的作用。

“他是一位具有演员气质的球星，同时他还是一位胜利者。”韦斯特说，“他为整个世界都留下了遗产。成千上万的人都喜爱这家伙，成千上万的人将会怀念他职业生涯所得到的这些成就。”

这是科比生涯最后一次作客甲骨文球馆，韦斯特坐在赛场的豪华包厢里观看了这场比赛。这一天距湖人用迪瓦茨换取科比已经过去近 20 年。

“我一直对他充满了溺爱。”韦斯特说，“有时他的话会伤到我，尤其是关于他说某些球员打球不努力的时候。首先，他们无法做到他那样的努力；第二，他们没有科比那样的技术去像他那样努力打球。但是令我欣慰的是，他一直是一位出色的球员，一位出色了 20 年的球员，简单地说就是篮球比赛最伟大的球员之一。我是说像他这样级别的球员真是不多。”

韦斯特在定义科比时，将其称为一位“天赋难以置信的全才”。

“但是我认为你应该将目光放得更远些。”韦斯特说，“我认为他将会是 NBA 历史上前 10 位的球员，也许地位会更高，因为我不想贬低任何高水平的球员。我不会那样做。”

“但是对于一支俱乐部来说，能拥有这样的球员这么久的时间，20 年啊，那真是非常惊人的。他在这支俱乐部留下了太多伟大的足迹。我还没看到任何人能够承接他的衣钵。我希望他们有朝一日能够找到一位。”

湖人得到科比的这桩交易一直被认为是不平等的，这样说是考虑到了科比日后成了湖人队史最伟大的球员之一，并帮助湖人拿下 5 座总冠军奖杯的情况。然而，韦斯特认为这桩交易并没有人们想得那么不平等。“那绝不是一边倒的交易。”他说，“夏洛特那年靠迪瓦茨先发赢得了 50 场以上的比赛。因此我得说凡是认为黄蜂交易得到迪瓦茨是错误的人都是在贬低迪瓦茨和夏

This place has always been a special place to play, They've always been great fans. To have that appreciation from them tonight was pretty awesome. I was really stiff, but I thought it was the right thing to do, go back in the game and play and try to enjoy it one more time.

位于斯台普斯中心的杰里·韦斯特的雕像。(图片提供：高尚精神 著《向东，去美国》)

洛特俱乐部。”韦斯特还不忘强调迪瓦茨是一位全明星级别的中锋。

“我们用迪瓦茨作为筹码，从持有状元签的球队一直报价，最终握有 13 号选秀签的黄蜂接了盘，因为他们十分渴望一位中锋的到来，他们最终同意了我们的交易。”而对于科比当年的选秀排位，韦斯特表示：“坦诚地说，我当时认为他应该是状元才对，但在那时只有我个人这么认为。”

“他十分特别，我很惊讶其他球队没选他。我真的十分惊讶，因为他真的很特别。”韦斯特也一直称赞科比当时的经纪人特里姆，是他最终助推了科比加盟湖人的进程。“他的经纪人特里姆告诉新泽西网，科比不想去那里打球。”韦斯特回忆道，“那里离费城很近。其他球队也讨论过选科比的可能，但是在此方面我们没有听到过多的言论。”

“那时，科比的父母参与了进来，而且他会真的很诚恳地对人们说他不想在他家乡附近打球。所以如果认为是我们一手操办科比来湖人，真的是胡扯。整个过程中我们得到了多方面的援助。”

当时网握有第 8 顺位选秀签，他们试训过科比，但是他们最终选择了来自维拉诺瓦大学的基特尔斯。

一直以来，韦斯特对科比当年的试训津津乐道。当年的试训安排在加州英格伍德，韦斯特说那是他见过的最棒的试训。“我认为当年立即触动我的是，这是位只有 17 岁的球员，我从未见过任何人在这个年纪有这样的技术。”韦斯特说，“他真的很独特。”

差点拿“骚包”当绰号

如今，科比已经 37 岁，即将结束漫长的 20 年职业生涯，当他回忆起那段试训，依然感到兴奋。“我从小到大都在仰望他（韦斯特）。”科比说，“我在试训前得到了和他聊天的机会，而后又当着他的面试训，那段记忆真的很甜蜜。”

“当时 17 岁的我需要证明的是，‘听着，我很好’。”科比说，“你们不用担心我。不用给我系上围嘴儿。橡胶奶头也少来。少让某些人把那东西（橡胶奶头）塞到我嘴里。我已经准备好战斗了，我没问题的。那是我最在意的，真的。”

在湖人挑战勇士这场比赛赛前，球场大屏幕放的一段韦斯特的录像让科比飙泪了。“我有点抑制不住我的泪水了。”科比说，“那真的戳中了我的泪点。”因为科比坚信，韦斯特是那位“从一开始就相信他的人”。

“当年我和韦斯特在大西部论坛球馆的更衣室坐下来长谈，那正是‘魔术师’当年所在的更衣室，而我面对的是韦斯特。”科比说，“那是一切故事的前传，那是特别的记忆。”

“再次重申，我们不是天才。”韦斯特更正了当年交易科比的过程，“相信我，我们不是。我们当时有些太走运了。我们能够见到这个孩子，了解到他的技术，他不是那种坐以待毙的孩子。当年你们能够在电视上看到暴雨雷电，然后科比登场，让比赛擦出火花。那正是他。你们这些年都领略到了。”

但韦斯特认为，如今的科比还有很长的路要走。

“我当年很走运，坦白地说，在洛杉矶的前几年像父亲那样照顾他。”他说，“他在我家度过了一段时光，我和他交谈，想进入他父亲的角色告诉他比赛不是他想的那么容易，虽然他天赋异禀。我说：‘你得学会如何与队友合作。你得学会如何打 NBA。比赛不是一打五，而是五打五。’”

“他们都叫他‘骚包’。我告诉他，别拿那个当绰号。我说，你最好别那样。当人们审视你的时候，他们希望看到你的伟大之处，如果你改变你做事方式的话，你可以做到。而且，这个孩子一直就那样坚持了下来。”

2016年1月16日			
洛杉矶湖人 82 ： 109 犹他爵士			
时间	投篮	三分球	罚球
14:40	2/8	0/3	1/1
5分 1篮板 2助攻 0抢断 0盖帽 0失误 0犯规			

直接回绝“巴西闪电”

2016 年 1 月 16 日，湖人作客盐湖城，科比由于右脚跟腱酸痛中途退赛，上场的 15 分钟里 8 投 2 中，拿下 5 分；湖人半场 36 比 60 落后，有记者担心湖人会创下队史单场最低分。据 1954-1955 赛季有统计以来，湖人单场最低分为 70 分。虽然输了比赛，幸好湖人还是拿下 82 分。

“在面对即将退役的这份痛苦中，我看到了太多美妙的东西。”科比说。

他指的“痛苦”是湖人目前正在重建，阵容和科比当年夺冠的那套阵容实力相差太远，而且自己在球场上很挣扎，尤其是伤病方面。

“有时真的太痛苦了，但是我确实找到了美妙的东西。”科比说，“那就是挑战，是眼前的障碍。当我的肩膀疼痛的时候，跟腱疼痛的时候，最简单的办法就是一走了之。”

“不是我疯了，我很多次在比赛中反问自己。我的跟腱一直在疼痛，我只能说我不能再伤一次了，因为那样的话就会把我搞得一团糟。我已经有了一次跟腱大伤，现在是另一处跟腱，我有些胆寒，‘可恶，又来了。’”

科比表示，离开比赛不再回来的感觉就像“我正要再次陷入焦虑之中。直面挑战并且抗争到底十分重要”。

科比不想再多打了，他累了，甚至不想再为国出战了。“我认为为国出战是无限荣耀，当我说我的最后一场比赛就是我最后一场比赛的时候，我就准备好了退役，就这么简单。”科比说，“不是我走下舞台然后说，我很快回来。稍等片刻。你们知道我的话意味着什么吧？”

如果一切顺利的话，科比的最后一场比赛将是 2016 年 4 月 13 日主场迎战爵士。科比回忆了上一场比赛中，勇士后卫莱昂德罗·巴博萨在赛后喊住正要离开赛场的他的情景。

“嗨，咱们里约见。”巴博萨说。

科比转回身遗憾地说：“不，我不会去。”

巴博萨说：“拜托，伙计。那是里约。”

“我说，不，伙计，那是年轻人的舞台。”

Jamming it up a little bit, pushing off the toe in an explosive manner sometimes does it, I just tweaked it and couldn't shake it lose tonight.

“我已经有幸赢得了两枚奥运金牌，所以我有我的奥运时刻。”科比说，“是时候让年轻人上场了。我在后面观望他们，支持他们。如果他们希望我去和年轻人聊聊，我愿意去，但我只能帮到这里了。”

科比和巴博萨有着不错的友谊，无论是NBA赛场，还是国际赛场，他们都互相尊重，互相钦佩。但是此时，科比想离开篮球，再不回来。

科比的公司登记注册了他们的标语“友谊诚可贵，志向价更高（Friends Hang Sometimes Banners Hang Forever）”。科比认为，最重要的是理解这段文字的含义。

“从字面意义上看，我认为那不是正确的观点。但是我认为你得体会这其中深层的含义。”科比说，“这不是说不让你看重友谊。不是那个意思，至少我认为不是那样。它的意思是当你有了志向，你就有了奋斗的目标，有时你要做出艰难的抉择。那意味着牺牲一些当前的关系，但一切都是为了当初的志向。”

“那将会十分艰难。我时常跟那些在美式足球、棒球、篮球界正为高中友谊挣扎的球员说。他们无法专注。当他们再长大一些，他们会为此后悔，因为他们没有为他们的志向而专注。而此时他们的朋友都去了不同的大学，很少联系了。”

“因此对我而言，真的，那段话的真谛是当你明白你的志向后，要义无反顾，而且要知道你的朋友都会理解的。那样你就永远不会失去友谊。在我 14 岁时我跟有些朋友建立了友谊，我们如今还保持着联系。”

2016年1月17日			
休斯顿火箭 112 ： 95 洛杉矶湖人			
时间	投篮	三分球	罚球
24:00	2/5	1/2	0/0
5分2篮板9助攻1抢断0盖帽4失误0犯规			

赛季半程，科比想要滑雪了

在 12 月和 1 月，洛杉矶北面的山脊上都会有积雪覆盖。如果你住在大洛杉矶地区，无论在哪里，只要天气晴朗，向北面瞭望，你都能看到山脊上皑皑的白雪，有时还会让你想起日本的富士山。看到这些，科比有些想滑雪了，但他还有一半的赛程没有打完。

2016 年 1 月 17 日，湖人主场迎战休斯敦火箭，科比出战 24 分钟，5 投 2 中，拿下 5 分、9 次助攻，平平淡淡。但是 10 年前，2006 年 1 月 21 日，也就是科比职业生涯刚好一半的时候，这个家伙惊世骇俗地拿下了后人几乎无法再企及的单场得分——81 分！现在，科比只能咬着牙，忍受着右脚跟腱酸痛继续作战。

“如果我能打的话，上场打打还是很重要的。”科比说，“当我无法上场打球的时候，我有些无法面对球迷。因此只要我能上，我就应该上。”

这一场比赛，使科比的生涯总助攻数超过湖人名宿杰里·韦斯特，升至队史第二，前面只剩“魔术师”约翰逊。“这对我意味着太多，是我真的、真的为此而自豪的成就。”科比表示。

这场比赛也是湖人赛季的第 43 场比赛，这意味着 82 场常规赛科比已经打过了一半。“听起来令人抓狂，我们已经打了一半了。”科比说，“时间过得太快。”

1 月 20 日，湖人主场迎战国王。洛杉矶的天气渐渐暖和起来。在这座美国西南部的海滨城市，全年最寒冷的时间也就是 12 月和 1 月上旬，现在，春暖花开的气候再度来临。

在这场比赛之前，科比的球衣销量联盟排名从去年 6 月份的第 5 名上升至第 3，排在他前面的是斯蒂夫 · 库里和勒布朗 · 詹姆斯。湖人也沾了科比将要退役的光，球队商品销售排名也跃居第 4 名，位列勇士、公牛、骑士之后。

科比要退役了，这已是全世界篮球迷都知道的事情。而科比退役后，连里约奥运会都不打了，他究竟又准备做出什么惊天动地的事来?

科比回应道：“去滑滑雪，我从没有滑过雪。也许还会玩会儿冲浪，也可能去玩跳伞。”

“我会继续保持训练，保持好的状态。”科比说，“保持健康的理念，并且维持一个稳定的

It's important to try and get out there and play if I can, You always feel terrible for the fans when you can't get out there and play. So If I can perform, I should.

从飞机上往下看去，洛杉矶市中心 Downtown 高楼林立，周围的房子则显得低矮，等下了飞机才知道，事实并非如此，至少斯台普斯中心也是高楼丛林里的“矮子”。（图片提供：高尚精神 著《向东，去美国》）

训练日程很重要。我想，生涯结束，起床的时间就更自由了，不必受到时间表的限制。”

“但是我认为，如果有些事让我感到困惑，维持一个时间表，按时起床，6 点训练，保持日常作息，去办公室工作，为未来做好谋划就非常重要。我认为保持那样的身体状态很重要，因为我认为，会有一些事来刺激我的大脑的。”

科比在赛季过半的当口也畅想了他最后一场比赛的样子。

“有些疯狂，因为这来得真快。”科比说，“当我想这件事的时候，我总是会想，到时究竟是什么样。这方面，我很平静，我对我的决定已经非常坦然。我预计会有一个特殊的时刻，‘伙计，你就要离开你钟爱的比赛了，那是我两岁就开始不断在投入的东西。’在那天我究竟何时会受到触动呢？其实就像我坐在这儿畅想的感觉一样，我确信真正经历那种感觉会是完全不同的。”

2016年1月20日

萨克拉门托国王 112 ： 93洛杉矶湖人

时间	投篮	三分球	罚球
31:12	4/13	2/7	5/5

15分4篮板3助攻1抢断0盖帽2失误4犯规

“要在几年前，我会喷些不合时宜的”

主场输给国王很正常。这支自从名帅阿德尔曼离去后就跌入谷底的烂队，本赛季开始咸鱼翻身。当家球星绰号“刺头”的德马库斯 · 考辛斯在 1 月份国王强势崛起的过程中，率领球队碾压了他们遇到的所有对手，以至于主帅卡尔称他是联盟第一中锋。当时国王排在西部第八，但是此后便从排行榜跌落。

本场比赛，考辛斯砍下 36 分、16 个篮板，朗多也贡献了 11 分、17 次助攻。

“德马库斯表现出了非常高的水准，他就是名全明星。”卡尔说，“在 NBA 难道还有比他再好的中锋吗？我认为没有。他攻防两端都在扛起球队。我想现今联盟没有人能够达到他这一水准，我希望 NBA 方面能够看到，给他机会去打多伦多全明星赛。”

湖人在休赛期也曾将引援目标瞄准了考辛斯，可笑的是，当时卡尔竟然是主张交易掉考辛斯的助推者，只可惜国王坚决不放人。

当考辛斯被问到是否认为自己是联盟第一中锋时，他表现得很镇定，充满信心。

“那甚至都不能成为问题。”考辛斯回应，“甚至都不构成问题。我感觉我仍然能够在各方面提升，防守端也能提升不少。我感觉我能比我目前传出更多的球给队友，协助进攻。仍有很多地方需要提升，但是我的关键不在这里，而是要用正确的方式去打球，帮助球队提升至下一个水准。”

科比下半时只得到他全场 15 分中的 2 分，湖人也只好目送着这支当年的烂队逐渐迈向季后赛门槛，自己却无计可施。要知道考辛斯的前 5 个赛季，国王都没有打出过超过 29 胜的赛季。“感觉很棒，但是我不满足。”考辛斯说，“我们作为球队不应该满足。我认为我们的目标不只是季后赛。我认为我们有机会在今年成为搅局者。”

湖人至少四连败的颓势在本赛季已经出现了 7 次。老科比显然已经无力阻挡这一趋势，但他坚称，即使在他的告别赛季，也绝不会看轻此事。

“我发誓，如果这是在几年前，我会喷些非常不合时宜的话。”科比说，“我们不能无动于衷，我想这个更衣室里没有人会是木头人，接受这个现实，这种事也不会发生，所以我们需要站出来，提升自己，在比赛的每一个方面做出提升，变得更好。”

2016年1月22日			
圣安东尼奥马刺 108 ： 95 洛杉矶湖人			
时间	投篮	三分球	罚球
26:34	2/9	1/4	0/0
5分2篮板6助攻0抢断1盖帽3失误2犯规			

“白人科比”不信 81 分的邪

2016 年 1 月 22 日，湖人主场迎战马刺。这天也是科比 81 分的十周年纪念日。湖人球迷兴奋异常，他们期待湖人能够拿下这支跟科比较量了一辈子的球队。虽然湖人羸弱，但也不是没有机会。马刺核心拉马库斯 · 阿尔德里奇背部痉挛而休战，马刺缺了一根轴，科比将有机会在 81 分十周年之夜取得一场宝贵的胜利。

不过，除了阿尔德里奇之外，马刺其他人，包括“白人科比”马努 · 吉诺比利都是大麻烦。

马刺是一支让科比仰慕的球队，有让他钦佩的教练波波维奇。赛前，科比还特地跑到客队更衣室去拜访了他，但他拒绝透露拜访的具体内容。也许聊得并没有科比预想得那么好，以至于他的前 5 次投篮全都投失，但买票的球迷可是冲着 81 分神迹来的。虽不奢望科比能再干那么一次，可关于 81 分神迹的各种口号和招牌还是充斥了观众席，这也引起了吉诺比利的注意。他事先并不知道这一天是科比的 81 分纪念夜，直到看见球场大屏幕的视频，听到 DJ 的相关宣讲。

“比赛一开始，我就知道是怎么回事了，是他们让我知道的。”吉诺比利笑着说，“那 81 分得的真是难以置信，不仅需要体力、天赋，更需要执着的信念。”

马努坐不住了，要知道他也是极具竞争心的人，怎能甘愿做陪衬。结果这家伙 10 投 9 中，砍下 20 分，创了个人赛季得分新高；还有 4 个篮板、4 次助攻，这个马刺为季后赛雪藏的杀器提前开了刃。科比则只得到 5 分、6 次助攻。

马努就这样毁了科比的 81 分十周年纪念夜。

“我等这一刻好久了。”吉诺比利说，“今年第一次吧。这种状态不是常常有。当你开始比赛，慢慢进入状态，每一次投篮就会随着打进，就是这样。行动解释得更清楚。”

科比为看到老对手的出色发挥而感到欣慰。“马努是个特别的球员。”科比说，“每个人都有自己的节奏，那是与生俱来的。马努、我、维斯特布鲁克，我们都是装配着高速马达的球员。天生的。”

当被问到未来是否有人能打破 81 分纪录时，科比想了想说：“我想会的。只要你相信那是可以做到的，你就会。当然你还要在巅峰状态，需要充沛的精力和实力来完成那样的挑战。”

Manu is a special player, There is a certain cadence that every player has. It's something that's innate. Manu, myself, (Russell) Westbrook, we all play with that very, very high motor. That's what we were born with.

NBA 启蒙教练如芒刺在背

81 分的神迹让科比荣登 NBA 单场得分榜第二，仅次于张伯伦的单场百分表演。要知道，在现代篮球场上，81 分已看似不可实现。那场比赛，科比在第 4 节得到 28 分。同样是那个赛季，2005 年 12 月 20 日，科比在对阵小牛的比赛中三节砍下 62 分，就打卡下班了。假设他第 4 节同样砍下 28 分的话，全场 90 分，将让这个奇迹更加迫近百分，但历史无法改写。当科比下场时，他个人得到 62 分，小牛全队 61 分。

黑曼巴是个充满血性和复仇本能的动物，仇恨如芒刺在背，不吐不快。那场比赛的芒刺正是科比 NBA 的启蒙教练德尔·哈里斯，绰号“银狐”，也是我们中国球迷最熟悉的前国家男篮主帅。可以说“银狐”见证了科比的成长，只是当年他对年轻苗子的看护比较严，给科比的上场时间少得可怜，让新秀赛季急于表现的科比怀恨在心。而对阵小牛的那场比赛时，“银狐”正是小牛的助教。

“听着，当我还是个菜鸟的时候，我恨德尔。”科比说，“他让我抓狂。我总是说，如果我有机会复仇，我一定办到。”

科比的前两个赛季都在打替补，场均上场时间 15.5 分钟，直到第三个赛季才获得场均 26 分钟的上场时间。“正是德尔的对策激励了我，努力打出高效的比赛，获得上场时间。”科比说，“我得好好珍惜我得到的每一分钟，我至今也非常感激当年德尔的栽培，如果我不承认这事，我就是在撒谎。”

在那场“屠牛战”中，每当科比看到场边的“银狐”，他就如同再次开启的马达，33 分钟时间里，31 投 18 中，外线 10 投 4 中，罚篮 25 罚 22 中，外加 8 个篮板、3 次抢断。首节 15 分，次节 17 分。第 3 节的 30 分更是创下湖人队史纪录。

在比较全场 81 分和三节 62 分时，科比说前者更困难，不是因为要打更多时间，而是因为当时他的膝盖有伤，而“屠牛战”时自己的状态如梦幻一般。

2016年1月23日			
洛杉矶湖人103 ：121波特兰开拓者			
时间	投篮	三分球	罚球
24:33	5/9	0/1	0/0
10分2篮板1助攻0抢断0盖帽5失误1犯规			

怀念那份被恨的感觉

2016 年 1 月 23 日，湖人作客波特兰。波特兰是座美丽的海港城市，城中心有历史性建筑“中国城”，河对岸就是开拓者主场摩达中心。市区的地铁是城市的主要交通之一，且市区范围内免费，收费的只有从市区到机场的这段路程，以及到周边郊区的路程。记者在搭乘市区地铁线路的时候曾迷路，但好客的波特兰人主动带路，带我穿过几个街区，那份好客令人难忘。而这期间也让记者领略了这座城市的美，尤其是在雨天。

摩达中心过去叫玫瑰花园，也曾是 NBA 为数不多的不带冠名的球场。不冠名不是因为拉不到赞助商，而是这个球队的老板财大气粗，不缺那份钱。他们的老板保罗 · 阿伦是微软公司的二号人物，不仅拥有开拓者，还拥有 NFL 劲旅西雅图海鹰。科比生涯出道的那几年，赶上保罗 · 阿伦正值中年且大把撒钱的年月，开拓者在那段时间一直离不开“豪华”与“问题”两个词，因此他们看似强大的阵容总是在关键时刻掉链子，输给湖人这样健康茁壮成长的球队。波特兰人也眼睁睁看着湖人夺走了他们认为本该属于他们的总冠军。

2000 年，西部决赛第 7 场，开拓者三节过后领先 15 分，如果淘汰湖人，他们将在总决赛面对并不十分强大的步行者，总冠军奖杯的光芒就在眼前。但“OK 组合”在第 4 节以摧枯拉朽之势将开拓者打得遍体鳞伤，也让玫瑰花园的观众永远记住了科比和奥尼尔这两个仇人。如今，科比在生涯的最后赛季作客玫瑰园，那份仇恨依旧存在。

开拓者的 DJ 在介绍客队球员时，没有给科比做特别说明，即使这是科比最后一次作客开拓者，这和科比在其他客队城市所受待遇大相径庭。掌声、特别的礼物、纪念性的视频一概没有。当科比第一次触球，摩达中心的嘘声此起彼伏。

“这是我整个职业生涯都一直在经历的。”科比说，“我为什么要期待一些不同呢？为什么你们想当然地认为这里球迷不会这样呢？这里一直是这样。每一次我来到这里，我就想赶紧离开。”

这一战科比上场 25 分钟，9 投 5 中拿下 10 分。他下场时，这里的科比迷们意外地给科比奉上了欢呼和祝福。

“我认为比赛最后最大的不同就是，这里的欢呼。”科比说，“他们真的在努力表达，因为他们知道没有下次了。那就是最大的不同。嘘声，我每一次触球都有，我爱这个。”

“我在场边遇到一位球迷，他说，‘我会想念那份恨你的感觉’，我说：‘谢谢，我会怀念那份你们恨我的感觉。’”科比说。

科比还回忆了 2000 年的季后赛，以及他在关键时刻的表现。

“那时我还是个孩子。”科比笑着说，“我也就二十一二岁的样子，还留着那种青涩的发型。那真的很酷。”

刺耳的话如期而至

2016 年 1 月 26 日，湖人主场迎战小牛。他们上一场惨败给了开拓者。赛后科比对周围的年轻队友说了些刺耳的话。

“当他对某些事发出了抱怨声，或者说些刺耳的话，你也会感到刺耳，但是他当时并没有看向四周的人。”湖人主帅斯科特说。

科比的肩伤让他无法出战比赛，只能再次西装革履坐在板凳席。就这样，科比错过了现役总得分最高的两名球员的最后对决。而湖人的小伙子们果然受到了科比此前话语的激励，与具备季后赛实力的小牛缠斗到了最后。

比赛的最后关头，当小牛领袖德克 · 诺维茨基后仰跳投让小牛以 92 比 90 领先时，他得意地望了望湖人的板凳席，他知道科比正坐在那里。

比赛中，科比在场边轻拍了诺维茨基的背，耳语了几句。

“我听到他在比赛中制造的噪音，那很有趣。”诺维茨基说，“最后时刻的战斗充满乐趣。我不是垃圾话高手，但是只要我说了，我会好好享受。”

本场比赛，随着朱利叶斯 · 兰德尔最后时刻的勉强出手不进，湖人输球，吞下 7 连败。

“有时候我的远投是能进的，如果能够交换，我会用其中的任何一个来换那次远投。”兰德尔赛后有些悔恨，悔恨未能为科比拿下一场胜利。

湖人确实非常渴望胜利。湖人 90 比 92 落后小牛之前的那次进攻，拉塞尔错失了三分，如果投进本可以让湖人锁定胜局。最后 2 分 13 秒，斯科特把拉塞尔生生按在了板凳上，没让他参与最后时刻的进攻。斯科特的解释是当时球场上有 4 到 5 个能够做最后一投的球员，每个人都在等待机会。

斯科特赛后的话听上去比之前激烈，也许是斯科特本赛季对拉塞尔最严厉的批评。“我发觉最后几分钟他总是想自己一个人打比赛，那不是他。”斯科特说，“我希望球能够运转起来，但在他那儿停住了。他尝试完成关键一击，就是那种感觉，我明白，但是对我来说，那不是我希望他去做的。”

若在平时，斯科特会说：“他比之前更有侵略性了。”

可这次斯科特换了口风：“我认为有时他正在扛起球队赋予他的使命，我认为其他的时刻他也在努力营造这种氛围。他得找到一个平衡点，他正在学。”

拉塞尔赛后解释道：“我感觉我正在扛起他们赋予我的使命，在最后有限的时间里，投篮和传球很难做权衡。球在我手里，所以我就投了。我没投进。我不知道斯科特对我的投篮有过评价。”

这一仗，湖人就像是久旱的土地，期待一场甘霖降临，但未能如愿。

2016年1月28日			
芝加哥公牛114 ：91洛杉矶湖人			
时间	投篮	三分球	罚球
25:05	4/13	2/7	0/0
10分4篮板3助攻2抢断0盖帽2失误2犯规			

没能留住自己的“斯科蒂·皮彭”

2016年1月28日，湖人主场迎战公牛，这是加索尔自被交易以来首次在球场上与科比交手。科比和加索尔在跳球前相拥而抱的场面令人动容。

两人在球场上甚至有一对一的局面。“我想要确保没有包夹或者其他别的什么。”科比说，“让我们就像在训练场上那样打球吧。”科比的话充满了对当年的无限怀念。

加索尔全场贡献21分、12个篮板、7次助攻、1次抢断、1次盖帽，帮助公牛获胜。但让他回忆当年被湖人送走的那一幕，加索尔依然不堪回首。

回想起当年的那一幕幕，真的恍如隔世。当时加索尔经常卷入交易的流言中，直到最终真的被交易走。2012年，科比曾极力阻止加索尔被球队交易，他甚至放话：“只要我在这儿，加索尔就会在这儿。”这句话不禁让人想起当年迈克尔·乔丹对公牛管理层的那句“交易走皮彭，我就退役”。

公牛球员德里克·罗斯表示，科比是他们这代人的乔丹，但这个乔丹没能留住他的皮彭。科比没有“乔帮主”那么幸运，最终，加索尔与他天各一方。

回溯到2011年的夏天，湖人尝试用加索尔参与进三方交易，最终得到克里斯·保罗，而将加索尔送至火箭。那笔交易最终被当时的联盟总裁大卫·斯特恩一票否决，但加索尔心头自此笼罩起阴影。湖人总经理库普切克这样说：“当我们的交易告吹，加索尔便陷入了艰难的局面。从那刻起，真的很艰难，你们都可以体会到，从他的角度非常难。他不想此事继续。”

煎熬就这样持续着，直到2014年夏天，加索尔决定离开。科比透露，当年和加索尔的交流已经很困难。“我明白他的想法。”科比说，“我去了他的住所，待了好几个小时，我们就是聊。那是一件涉及到他自尊心的事情。我们的感觉如同兄弟。他说‘科比，我想和你打球直到永远，但是湖人管理层对我所做的令我失望’。我说：‘拜托，保罗（加索尔），别陷入你那傻傻的自尊心。他们一直在给你钱呢。把你傻傻的想法放在一边吧，他说：‘兄弟，不，那是我现在的主要原则。’作为他的兄弟，我完全明白他的处境，他为这里带来了两座总冠军奖杯，然后整天听到自己的名字陷入交易流言，又面临着德安东尼把他放在板凳席的处境。”

“我懂得他的处境。听着，我们是篮球运动员，但首先我们也是人，尤其是对于一名对俱乐部做出巨大贡献的人来讲更是如此，我完全理解他的处境。如果我不明白，我们今天也不会走得这么近。”

2016年2月21日，联合中心，洛杉矶湖人115 ： 126芝加哥公牛。对于科比，之行的最大意义是和职业生涯最好的搭档保罗·加索尔道别，兄弟情谊就在这一瞬间。（图片提供：CFP）

科比的话被重复给了加索尔，他也回想起了当年的情景。

“我确实告诉他我想和他一起打球到永远。”加索尔说，“但是我已经准备好了离开，我想在更令我感到高兴的地方打球，用我一直以来的风格，就像我过去两年那样。就这么简单。”

当被问到科比当年的话有没有一些可以让他回心转意时，加索尔回答：“他想让我留下，显然，但是情况不允许。我们都知道，我对当时的情况感到不理想，我得走人了。”

因此，加索尔最终与公牛签下3年总价值2200万美元的低薪合同而没有拿湖人提供的肥约。对于科比这位前队友，加索尔能够留下的只有钦佩。

“我们留下了难以置信的时光。”加索尔说，“那才是我作为NBA球员的职业生涯。我们也有艰难时期，那是由所有的改变以及决定造成的。但是我们一直在一起，我们的感情更好。我非常高兴我能和他共享这样美妙的时光，经历所有这些事。”

2016年1月31日			
夏洛特黄蜂101 ：82洛杉矶湖人			
时间	投篮	三分球	罚球
22:58	8/18	4/8	3/3
23分8篮板3助攻2抢断0盖帽0失误1犯规			

最黑暗的10连败，科比却说没关系

“海豹突击队有一种训练方法是，让士兵沉到水池底部。有时，我们也得先沉到水池底部，伙计，然后再想办法。我们现在差不多到那儿了，正渴望呼吸到空气。”科比说。

2016年1月31日，在黄蜂损失了尼古拉斯·巴图姆、埃尔·杰弗森、杰里米·兰姆、林书豪四员大将的情况下，湖人主场仍不敌黄蜂，吞下10连败，这也平了球队历史上的连败纪录。当年那次连败发生在1994年。1994年科比还是个高一学生，湖人曾在临时主帅“魔术师”约翰逊的率领下吞下10连败，而这一次连败“魔术师”又看到了，这场比赛他就在场边坐着。

本场比赛，科比上场23分钟，砍下23分，可谓表现高效。上一次科比拿下20分以上还要追溯到1月7日。科比的高效让洛杉矶的球迷狂嘘起他的队友来。此前表现突出的路易斯·威廉姆斯本场10投仅1中，除克拉克森外，其他人也表现不佳。

“我想球迷们和我们一样失望。”路易斯·威廉姆斯说，“希望他们的嘘声不是因为我们打球不努力，因为我认为我们打得还行。我们只是投不进。一旦我们开始投失，我们就集体泄气了。我认为我们目前有很多家伙都缺乏信心，我们无论如何得找回来。”

“说实话，这真的没关系。”作为20年的老将，科比语重心长地说，“我得说，这有让一个糟糕的赛季变得更糟吗？只要你想赢，别的先不用管。”

另外，9胜41负的湖人已经铁定无缘季后赛，这也表示湖人将连续三年无缘季后赛，而这还是自1961年以来的第一次。

Honestly, it doesn't really matter, I mean, does it make a (lousy) season less (lousy)? You just want a win, no matter what.

2016年2月2日			
明尼苏达森林狼 115 ： 119洛杉矶湖人			
时间	投篮	三分球	罚球
33:01	10/21	7/11	11/12
38分5篮板5助攻2抢断0盖帽2失误3犯规			

你看了 20 年了，你以为呢

2016 年 2 月 2 日，湖人主场迎战森林狼。面对森林狼主帅萨姆 · 米切尔，科比全场投中 7 记三分，狂轰 38 分，外加 5 个篮板、5 次助攻。等等，这是 2006 年的科比，那个轰下 81 分的科比?

“你看了 20 年了。”科比耸耸肩说，“你以为呢? ”

虽然湖人上半场建立的 16 分优势被森林狼在下半场抹平，但科比站了出来，用他那伤痕累累的肩膀扛起了球队。最后 5 分 02 秒之内，科比独自砍下湖人全队 18 分中的 14 分，率领湖人赢下一场，终结了 10 连败。

“我们都 10 连败了，够了。”科比说，“我可不想看到球队一条道走到黑。”“他能够打出 20 年来的状态，我很欣慰。”斯科特说，“他的身体已经不能像以前那样打比赛了，但他的意志依然顽强。他依然有那种欲望，我对此连连称奇。”

至于科比拿到 81 分时的对位米切尔（当年的猛龙队主帅），赛后当然少不了被追问。

“科比只是又找回手感了。”米切尔满脸倒霉相，“我恨他。如果不是我再次与他重逢，他这股劲儿也不会来得这么早。他现在已经拿不了那么多分了，而且每个人都认为他完蛋了，诸如此类。他已经不是当年的那个科比，而且他也会那么告诉你。但是某些晚上他就是手感不错。”

当科比听到米切尔恨他的话时，科比爽朗地笑了。

“谢谢你恨我哈。”科比说，“说真的，我真的爱那种感觉。”

You lose 10 straight, that's enough (embarrassment) as it is, You still don't want to be the team that's one away (from the record).

2016年2月4日			
洛杉矶湖人99 ：96新奥尔良鹈鹕			
时间	投篮	三分球	罚球
32:07	10/24	4/11	3/4
27分12篮板2助攻2抢断0盖帽1失误0犯规			

驱邪

2016 年 2 月 4 日，湖人作客路易斯安那州重镇新奥尔良，喝酒人的故乡。这里有著名的波旁大街，整夜歌舞升平，让新奥尔良的法区（极富法式风格与文化气息的市内区域）成为旅游者驻足游览不可错过的地方。而科比没有心思欣赏美景，他想起在这里的上个赛季的一场比赛，他的一次扣篮导致右肩重伤，赛季报销。

“今晚，我来到这里，感觉要好好驱驱邪。”科比说，“我心说：‘我要重新回到这座球馆，好好打。’”

比赛开始，鹈鹕前 9 次投篮投失 8 次，湖人也一直比分领先，最多曾到 13 分。还剩最后 1 分 58 秒时，鹈鹕 88 比 95 落后；鹈鹕前锋莱恩 · 安德森在罚球线附近接到传球，运了一下直冲篮筐，此时篮下只科比一人。科比知道已失去防守优势，但还是硬着头皮迎了上去，试图封盖安德森的扣篮，可惜为时已晚，安德森将球砸进篮筐，科比当了一回“背景帝”。湖人士气受挫，克拉克森运球失误，鹈鹕得到进攻权，康宁汉姆投失后随即抢到前场篮板，安东尼 · 戴维斯接队友助攻再次扣篮，鹈鹕追至 92 比 95，比赛只剩 1 分 17 秒，湖人的优胜眼看不保。

“我知道我整个夏天在训练中所花的力气。我得说，我当时真的练疯了。”科比说，“但是当我未能在战绩上看到效果时，我变得更加沮丧。就像是‘你老了，活该。你全情投入，但是毫无回报，你无计可施’。我必须变得坚强，并且跟自己说‘不，你得继续’。就像我曾经那样。然后再静观其变。”

湖人的球员大都太年轻，关键时刻抗压能力弱，能站出来的只有科比。下一个回合，科比面对康宁汉姆干拔三分命中，湖人 6 分领先。科比晃了晃食指，鹈鹕的庆祝声也被压了下去。

科比听到这记关键投篮后“科蜜们”的欢庆声，这让他感到此前所付出的努力是值得的。这场比赛科比还在场边见到一个孩子，得知孩子的名字也叫科比。显然，这是科比的球迷感念科比的生涯所做的纪念。这让科比感到自己的告别之旅充满意义。

“我不会退缩。”科比说，“赛季末，如果比赛还是毫无起色，我会照照镜子，跟自己说，你尽力了。”

It was really special to be able to play in front of this crowd, It makes me feel great. It makes me feel like all the hard work I put in through the years has been worth it.

2016年2月6日

洛杉矶湖人 102 ： 106 圣安东尼奥马刺

时间	投篮	三分球	罚球
32:53	9/28	4/14	3/3

25分2篮板4助攻0抢断1盖帽2失误4犯规

圣安东尼奥：让科比的生涯充满如果

2016年2月6日，科比作客圣安东尼奥马刺，跟许多城市一样，这是他最后一次作客德州圣城。

赛前，马刺为科比献上了一部感人的纪录片。马刺主帅波波维奇，球队领袖邓肯、帕克、吉诺比利都谈了这些年与科比比赛的感受。

"无论你领先20分还是落后10分或者其他情况，"邓肯说，"你都得清楚，你得时刻盯着他，你时刻担心、害怕，因为他总是能搞出些事儿来。"

"每次当我和他对位，我都得全力以赴。如果不那样，他就会让我难堪，这是毫无疑问的。"帕克说，"他是我们这代人的迈克尔·乔丹。能和他较量，是荣耀。"

波波维奇则说："他时刻准备着把他的脚踩到你的喉咙上，每晚都不惜一切代价赢球。"

在纪录片中，波波说："很荣幸这些年一直看你打球。你的斗志始终激励着人们。我希望你此后的生活也依旧成功。好运，伙计！"

"年复一年，我都看着他在底线转身后仰跳投。"波波说，"球员们防守他，他把胳膊举过他们，依靠着非凡的准头把球打进。我在梦里看到他都是那样的。"

科比和波波维奇还有一段往事。

当年的一次全明星赛，波波维奇任西部主帅。赛前，他走到科比面前问，全明星的训练课需不需要来真的，科比坚持要波波维奇真刀真枪地练，因为他想知道马刺是怎么训练的。然后波波维奇就让球员站好队，让球员报数。所有全明星都左顾右盼，问到底发生了什么。邓肯生气地看着科比，那种眼神就像是在说："伙计，你是不是要杀了我？"科比耸了耸肩，表示他只是想看看他们平时是怎么练的。

科比说，是马刺教会了他遵守纪律。

当年他初入联盟，打球充满激情，且容易暴怒。当科比遇到马刺，湖人那年（1999年）遭到横扫，让他看到了更高级别的比赛，马刺球员在比赛中的冷静和纪律性震慑了他。自那以后科比认为，他需要让自己的比赛也进入到那个层次，而且马上就要着手去做。

本赛季所有比赛的第4节，马刺在主场只出现过两次落后的情况，而湖人在第4节的前7分几乎都保持着领先，这证明了科比的努力。"就像是看迈克尔·乔丹。"波波维奇说，"我只是看着，那太美妙了，美妙极了。我们出现了一些错误，他很好地把握住了机会。"也许波波维奇只顾着看科比，忘了叫暂停，让马刺老将在最后时刻有些疲于奔命。

科比面对赛季最佳防守球员莱纳德干拔命中三分，然后冲着坐在板凳席的邓肯耸了耸肩。“他那表情看上去就像‘这粒入球我都觉得不可能’。”科比说，“我怎么解释呢？一些容易的，我投不进，那些难度高的，反而进了。我都不知道该怎么和你们解释。”科比的手感在第 4 节变得更加难以遏制。科比完成这次投篮后，双方又各进一球，随后帕克的跳投让马刺 101 比 99 反超，马刺依靠极强的战术执行力最终拿下比赛。

作客圣安东尼奥之前，科比已不止一次在公开场合表达他对马刺体系的尊重、钦佩，甚至是妒忌。这次他更是打开了话匣子。

“我想那始于他们的老板。”科比说，“他们十分清楚球队的特质是什么，十分清楚他们代表着什么，应该表现出怎样的状态，而且还十分清楚他们需要找什么样的球员。他们年复一年地保持着延续性，这就是为什么交易和选择球员对他们来说更容易些，因为他们正在寻找某种特质的球员，不是吗？我认为这就是延续性的关键。”

这一点让湖人相形见绌。“我们有改变。”科比说，“我们的老板杰里 · 巴斯已经仙逝，现在是珍妮和吉姆在领军，当然“禅师”也曾参与其中，这些当年都运转得很好，但是体系变了，延续性就没了。但马刺所做的真是现象级，堪比新英格兰义士（NFL 常年的劲旅），他们从上到下都具有延续性。”

近几年，湖人的延续性缺乏让他们连吃败仗。去年夏天湖人也曾招募过阿尔德里奇，但最终被马刺得到。

“我认为这其中的关系很密切。”科比说，“自由球员在寻找下家时都会想知道这支俱乐部的特质、方向在哪里。这会让自由球员很舒服地做出决定。”

“如果你是一名球员，你想赢得总冠军，你得去一个万事俱备的地方。”科比补充道，“他们知道他们在做啥，毫无疑虑，你知道这艘大船开向哪里。”

也许科比甚至遐想过如果他是在马刺，能够拿多少总冠军？“我得说，当然，我想过，但是仅限于找找乐子。”科比说，“我不能坐着抱怨。我已经有很多荣誉了，我不能抱怨我什么也没得到。”

He was like, 'No way,' and I was like 'Dude,' What could I do? I miss the easy ones and make some B.S. like that. I don't even know what to tell you. It was Tim's version of a yell, so it was a strong whisper.

2016年2月8日			
洛杉矶湖人87 ：89印第安纳步行者			
时间	投篮	三分球	罚球
33:23	6/25	4/14	3/4
19分5篮板0助攻0抢断0盖帽0失误0犯规			

科比的警告：不要泄密

2016年2月8日，湖人作客印地安纳波利斯。本场比赛最后，在科比连放3记三分后，保罗·乔治在最后2分30秒连得6分，最终帮步行者89比87涉险过关。虽然乔治关键时刻一锤定音，但比赛的主角依然是科比——他得到印地安纳波利斯球迷的热烈欢呼。

“我还以为这是在洛杉矶呢，这就是像在客场。”乔治说，“他在最后时刻的发挥是球迷想看到的，看他那样投篮。我也曾一度沉浸其中。球迷真疯狂。我在自己的主场罚篮时被嘘，这是我今晚最不会忘记的事。”

赛后科比把签了名的比赛用鞋送给了乔治。科比被问及是否意识到自己在联盟中有很多崇拜者，因为很多NBA球员都等着在赛后能够和他聊上一两句，或者要到一个带有签名的纪念品。“说实话，我和这些家伙都保持着不错的关系。”科比说，“那是一直以来保守得很好的秘密。我时常告诉我的这些朋友们：‘我是一个和善的家伙，但是别和别人说，否则你就毁了我的名声。’但是我和他们的关系一直很棒。如今只是有些不同，因为这是我的告别之旅，于是就出现了他们索要签名的情况。他们比此前说的更多，因为这是我们最后一次在球场相逢了。”

These fans were always very tough. It's as close to a college basketball atmosphere as you can get, They've always been pretty tough on me here. And tonight at the end, to get a `Thank you' chant from them, it was pretty special.

2016年2月10日

洛杉矶湖人111 ：120克利夫兰骑士

时间	投篮	三分球	罚球
33:05	5/16	3/7	4/4

17分6篮板3助攻1抢断0盖帽3失误2犯规

曾经的饭票

2016 年 2 月 10 日，湖人作客克利夫兰，科比和詹姆斯再次重逢，湖人输得没有一丝悬念。不过，比赛的胜负对这场比赛的观众来说已无关紧要，重要的是，他们能够再看一次 23 号和 24 号在赛场上的较量。

这些年来，“科比 vs 詹姆斯”这样的巅峰对决在季后赛从未发生，就像受到了诅咒。伤病以及周遭的情况不断阻止着这史诗般较量的发生，虽然他们在 2007 年至 2015 年这 9 年时间里先后出现在总决赛的赛场上，但偏偏从未相遇。

此外，直到这场比赛之前，还有另外一段历史从未被 NBA 的史学家们揭开：湖人当年曾向骑士询价，探寻是否考虑科比换勒布朗这桩超重量级交易。

2007 年夏天，时年 28 岁的科比刚刚从一个场均 32 分、命中率高达 46% 的赛季沮丧地走出来。虽然拥有三枚总冠军戒指，接下来的赛季也拿到常规赛 MVP，但在奥尼尔离去后，科比再也没能让湖人翻身。

“那时，湖人必须做出些事来。我已经对他们所做的失去了信心。我就像是一张饭票（湖人饥肠辘辘，希望换取诱人的食物）。”科比说，“我动辄就能砍下四五十分，拉动票房，但是我们俱乐部却极力缩减球员薪水开支，制造薪金空间。就像是，这和我什么关系都没有。我得在没有沙奎尔的情况下赢球。我得搞定这事儿。我们得做些什么。”

科比当时鼓动湖人做出改变，媒体也制造出多个版本的流言，其中一些看上去真实可信。

那一年詹姆斯 22 岁，他刚刚率领球队在总决赛铩羽而归。詹姆斯季后赛场均 25 分、8 个篮板、8 次助攻，在东部决赛最后一战对阵活塞时砍下 48 分，包揽了球队最后 30 分中的 29 分。两年后他赢得常规赛 MVP。詹姆斯的合同还剩 3 年，他希望在下一次进入总决赛时有更好的结果。

这就是当时的情况。一名是联盟最好的球员，另一名是联盟下一位最好的球员。如果科比被交易，唯一能单对单匹配的只有詹姆斯。

那时，湖人几乎把手里的选项都捋了一遍，最后只剩下一个打给克利夫兰的电话。那个电话的目的十分清楚，但骑士愿意用詹姆斯换科比吗?

据骑士高层回忆，那是历史上第一次有球队对詹姆斯提出交易报价，而那时詹姆斯被骑士视为不可交易的对象。坦白讲，在那个时间之前，科比也是。

2003 年，骑士拿到状元签，骑士当时认为如果他们把这个状元签交易出去，起码能够换来一到两位重量级人物，但高层办公室的电话从未响起。

“我相信有这事。”谈起 2007 年的那次湖人询价，詹姆斯说，“如果你放一条大鱼，你得再拿回一条大鱼。”

骑士方面当时表示，詹姆斯确实是不可交易的。他们此后打算用其他砝码换来科比，并称他们可以用球队中的任何人打包交易。湖人表示没兴趣。

对于此事，湖人总经理库普切克没有发表任何评论。

而科比当时拥有交易否决权，他的回答也很容易被猜到。“我永远也不会同意的，永远。去克利夫兰？绝不。”科比说，“那座城市不在我的名单中。我当时的名单有三座城市，芝加哥、圣安东尼奥、菲尼克斯。”

湖人当年还曾试图与公牛达成交易，而且几乎完成，但科比最终投了否决票，因为他不希望公牛连罗尔·邓也打包做交易。已经焦头烂额的库普切克只能再次寻求其他的交易方案，这最终促成了湖人拿起了电话打给骑士，双方不欢而散。

库普切克绝不是不经考察就妄作决定的人。他此后又联系了活塞的总经理杜马斯，打算用科比换取泰肖恩·普林斯、理查德·汉密尔顿及其他一些打包筹码。老巴斯把方案递给了科比，科比还是否决了，因为底特律也不在名单之列。尽管交易没成，科比和老巴斯的那次见面却化解了他和湖人的隔阂。科比在接下来的两个赛季联手加索尔，帮助湖人再次拿下两座冠军奖杯，但当詹姆斯再次杀入总决赛时，湖人已在季后赛被小牛淘汰。

科比将带着从未与勒布朗在季后赛相遇的遗憾退役，他们此后的比赛也只剩两场，一场全明星，一场湖人主场迎战骑士。

I never looked to see what he was doing, I just felt like we were a completely different generation. I just missed that thing completely. Not like a Magic-Bird sort of thing. From the time he came into the league it was more helping him, giving him direction, advice.

被科比缠上的后果

作客克利夫兰的比赛中，除了和老对手詹姆斯拥抱，科比还看到了已经两鬓斑白、执掌骑士教鞭的泰伦·卢。当年的科比曾和这位队友针锋相对。

卢 1998–2001 年间在湖人效力，因在 2001 年总决赛防守艾弗森被球迷所熟知。当年在湖人的训练课上，泰伦·卢、德文·乔治、布莱恩·肖、马克·马德森、斯坦尼斯拉夫·梅德维登科组成一队对抗湖人先发阵容。比赛中，科比底线突破运球上篮，但皮球被泰伦·卢拍在了篮板上。科比本想扣篮却被卢破坏掉。替补阵容队随即发动进攻，德文·乔治上篮得分，肖则兴奋地冲着科比嚷道："哈哈哈，他盖了你。"科比吃了矮小的卢的帽，顿时脸面无存，差点和卢干架，等稍微冷静下来，科比要和卢一对一。卢拒绝了。

此后，科比几乎每天都在训练场紧紧盯着卢，险些让泰伦·卢疯掉。此后，每一位来到湖人的球员都要在训练后与科比一对一。"他总是想告诉他们，我是爷们儿，我是爷们儿。"遇到同样情况的格兰莱斯说，"那是科比的天性，伙计，真是难以置信。"

时过境迁，每当卢回忆起这件事都感到自己老了，同时感到科比的伟大。离开湖人后，卢与科比保持联络，并为朋友找科比索要过签名。"只要你有机会，你还是要与科比联络的，谁也不想毁掉这份关系。"卢说，"每当我看到他，每当我给他打电话，他总是回应我。"卢不禁感动。

"当你有一位科比那样的朋友，那个朋友的本质是位斗士，作为一号人物很多年，T-Mac、卡特都曾拿来和他对比。"卢说，"他总是接受挑战，保持着第一的本色。勒布朗此后也被拿来和他对比。勒布朗进入联盟也一直这样被对待，他需要成为第一，和很多人对比过。而科比知道勒布朗要挑战自己的王座，他绝不会放弃自己的地位。我很高兴，他们如今能有这么好的关系。我曾经历的岁月，是这两个家伙扛起了联盟向前进。"

2016年2月14日			
西部全明星vs东部全明星			
时间	投篮	三分球	罚球
26	4/11	1/5	1/2
10分6篮板7助攻1抢断0盖帽1失误1犯规			

最后的全明星

2016年2月14日，周日，情人节，同时也是NBA每年一度的盛事——全明星赛拉开大幕的日子。在多伦多这座对于美国人来说并不陌生的加拿大城市，科比迎来自己最后一届全明星赛。

“Kobe！ Kobe！ Kobe！”全明星入场仪式进入最后阶段，科比踏进入场口，雾气和跳动的灯光将现场的气氛渲染得更加绚烂，作为本届全明星最后一位登场的球员，科比朝加拿大航空中心的球迷们致意，笑眯眯地走进了现场。

“18届西部全明星！”主持人开始介绍，“4届全明星MVP得主！ 2008年常规赛MVP！两届总决赛MVP以及5届NBA总冠军得主！洛杉矶湖人的科比·布莱——恩特！”

这时科比的手依然插在训练服口袋里，但眼睛已经湿润。赛季中这样的场合科比经历了无数次，可每当同样的宣读响起，他还是禁不住鼻子一酸。

球场中央一个胖大的身影出现，镁光灯打下来，科比认出了是“魔术师”约翰逊；“魔术师”介绍起科比传奇的生涯，一段制作好的视频开始播放，科比生涯的高光片段尽收眼底。“魔术师”笑了，他的大手摸了摸科比的光头，虽然科比是全明星中的高龄长者，但在“魔术师”眼里他永远是那个不听话的孩子。视频中，保罗·乔治、安德烈·德拉蒙德、克里斯·保罗、保罗·加索尔、凯文·杜兰特、勒布朗·詹姆斯一一向科比致辞。

“不会再有下一个科比。大家能够起立让我们再喊一遍吗？科比！”“魔术师”约翰逊说。

科比从板凳席走向魔术师，致以拥抱，并接过话筒。“科比”的喊声再次响起，科比展现了他那独特的笑容，言语已有些结巴，那语无伦次的感动也让在场的观众动容。“感谢你们多年来的支持。”科比说。

全明星记录了科比成长的历史，也见证了岁月的沧桑。科比提到当他1998年首次打全明星赛时，场上这些全明星队友还没有到他两个女儿（9岁的吉娜和13岁的娜塔莉亚）的年纪。科比还补充，他希望周围这些全明星队友也能打上20年。说着他脱下训练服准备登场。

全明星正赛没有太多科比表演的空间，他已经无法跳到当年的高度，无法奔跑出当年的速度，但是加索尔依然一本正经地过来盯防，迎接科比的背身单打。詹姆斯也在对位科比的时候，张牙舞爪地用双手狠狠地敲击着地板，等待和科比单打独斗。詹姆斯说：“传奇。我要把这张照片裱起来放在孩子的床边。谢谢你，曼巴。”

篮筐当晚很给面子，皮球跳了跳乖乖滚入篮筐。最终科比11投4中，上场的26分钟拿下10分，此外还有6个篮板和7次助攻。比赛最后1分06秒，科比下场。“妙趣横生。我和这些家伙狂欢，狂笑，在板凳上开玩笑。”科比说，“美妙的时光。无比美妙的时光。”

科比的18届全明星在NBA历史上仅次于“天勾”贾巴尔（19届），而全明星历史最高得分在本场被詹姆斯以一分的优势超越（291比290）。

值得一提的是，迈克尔·乔丹也给科比送来贺礼——30代乔丹战靴合集——每一双都是科比的尺码，14号（约48号半）。

“他给比赛带来了太多的乐趣，球迷以及整座城市都已向他致敬，他值得尊敬。”乔丹在比赛中接受采访时表示，“他是篮球比赛的重要组成部分，如今他的任务就是明确他今后的方向。我想他有他的计划，我盼望着看到他今后的路如何走，他、他老婆、孩子，他们都会顺顺利利的。”

对于科比来说，这场比赛最大的特别之处莫过于他的两位女儿就坐在板凳席的后面。“我差不多整场比赛都在和她们聊。”科比说，“她们如同我一样享受比赛。她们见证了我4点钟起床的日子。她们见证了这些汗水的付出如何转化为最终的收获。”

此外，名人堂球员奥斯卡·罗宾逊、比尔·拉塞尔也坐在场边，静静地看着、听着，看着这个后生如何接受全世界球迷的爱戴。

“那真是苦乐参半。”西部主帅波波维奇说，“我们经历了当年面对他时的挣扎，以及那段时期的争斗，我们尊敬他夜以继日的付出。很多球迷还不懂得科比的这份职责，而科比却年复一年地争强好胜。”

波波维奇说：“看到他，恍如隔世。他作为一个雕像般的人物屹立了这么多年，如今他把旗帜交给了那伙年轻人。我很兴奋我能在这里作为见证者，就像是他此前去圣安东尼奥那样，那晚他投进6个三分球，我当时真的兴奋极了。看着他投篮、打出当年的状态，真的太酷了。”

能够作为科比最后一届全明星的队友，也让每一位球星感到荣幸。

“噢，确实。那真的很特别。”库里说，“整晚都令人难忘，绝对的。从他进场、放录像到‘魔术师’做关于科比的讲话，还有那些他永远令人铭记的片段。”赛后在更衣室，库里脱掉球衣，见科比得闲，顾不上洗澡，直接冲过去拿着自己球衣找科比签名，科比则笑眯眯地把自己的大名签在了库里的球衣号码上。

“科比对于每一名篮球迷包括我们都是一份特殊的个人纪念。”库里说，“我们对他对于比赛的意义、对于如何激励我们成长，都有着每个人不同的解读。我当然铭记着这些。”

几乎这届的每一位明星都在赛后谈到了科比，以及这一场比赛对于他们的意义。科比则从头到尾保持微笑。科比离开赛场的一霎那，他向球迷做了最后的致敬，为他们鼓掌。“科比”的呼喊声再次响起，这也是全明星的最后一次。

adidas
KIA
EAST

2016年2月19日			
圣安东尼奥马刺 119 ： 113 洛杉矶湖人			
时间	投篮	三分球	罚球
29:17	10/25	1/8	4/5
25分4篮板2助攻1抢断0盖帽3失误0犯规			

当挥肘已成为本能

2016 年 2 月 19 日，湖人主场迎战马刺，这是科比职业生涯最后一次与邓肯交锋。两人生涯首次交锋要追溯到 1997 年 12 月 5 日，邓肯得到 19 分，当时作为替补的科比拿到 17 分，湖人在大西部论坛球馆战胜了马刺。而两人的最后一战中，科比拿下 25 分，邓肯 12 分、13 个篮板，湖人 113 比 119 败给马刺。

“这些年跟他打，跟马刺打，带来了太多的欢乐。”科比说，“我真的很享受，不断地促使我提升比赛水平。我们不再打了，我有些小伤感。”

“这些年他一直都是伟大的斗士，今晚也同样。”邓肯说，“最后一节他还手指脱臼，仍然在场上继续打。”

科比的每一个举动邓肯都看在眼里。科比在一次三分投失后，抢篮板过程中伤到了右手中指。科比说当时地板滑，手也没抓住球，手掌没有迅速张开，手指戳到了地板上。

赛后的 X 光检查显示伤势无碍。科比称他还要打下一场比赛，去芝加哥，去他偶像乔丹曾经的舞台。

马刺主帅波波维奇回忆此前全明星赛期间，自己在训练中亲自防守科比，遭到科比挥肘。“他真的那么干了。我不知道你们是否看到。他还是斗劲儿十足，他对我挥肘，好过掉我，但是我很快啊，我一直站在他前面。他是一只老慢狗，但我可是快着呢。他唯一能摆脱掉我的方式就只能靠侥幸了，所以他只能挥肘，然后跟上。”

“我可以跟上他的速度。”科比听到大笑道，“我就是觉得我该挥肘了。”

It's been so much fun competing against him and that organization for all these years, I truly enjoyed it, and it pushed me to sharpen and fine-time my game. So I'm a little sad that that matchup's not going to happen again.

2016年2月21日

洛杉矶湖人 115 ： 126 芝加哥公牛

时间	投篮	三分球	罚球
27:27	8/20	1/7	5/7

22分 4篮板 1助攻 0抢断 0盖帽 0失误 1犯规

迈克尔·乔丹？科比导师另有其人

2016 年 2 月 21 日，湖人最后一次来到芝加哥。在这里，令他印象最深的就是曾经对位迈克尔·乔丹，而真正让他学到东西，却是乔丹身边的那个人。

“1998 年的那场比赛真是充满乐趣，那是我生平第一次得到机会去对位乔丹。”科比说，“那真的很酷。但是，我在这里学到的最大的经验却是来自于我第一次来这里的那场比赛（1996 年 12 月 17 日）。”

当时，湖人握有 18 分的领先优势，而后科比听到皮彭和乔丹背地里说：“够了。”年少的科比就坐在板凳上，凑巧听到了这句话。他觉得有点不可思议，心想：“伙计，他们也把自己想得太无所不能了吧。我甚至觉得，这怎么可能？”但紧跟着科比看到了不可思议的事情。皮彭开始给湖人后场设置防守陷阱，他能够突然间出现在中线区域，而后又突然间摘下篮板。科比惊呆了，他认为这简直是身体无法完成的任务。

“那估计是我学到的最重要的一课。”科比说。

虽然科比在接受采访时被问及对乔丹的回忆，但他首先把这份记忆转移到公牛队的层面上，并逐步过渡到他对皮彭的深刻印象，而且他在引用那句“够了”的时候，首先提到了皮彭。这和我们往常所说的乔丹—皮彭的顺序产生了颠倒。而这一细节足以彰显皮彭对科比的影响。

翻看当年那场比赛，我们可以看到，公牛在进入第 4 节时 83 比 101 落后。随后公牛打出 33 比 15 的进攻高潮并让比赛拖入加时，且最终 129 比 123 战胜湖人。乔丹当晚 32 投 10 中，拿下 30 分、9 个篮板、3 次助攻，而皮彭 26 投 13 中，拿下 35 分、10 个篮板、6 次助攻，在数据上略胜“帮主”一筹。还是菜鸟的科比，仅得到 10 分钟上场时间，5 投 2 中，拿到 5 分、1 个篮板。

It's always been different from the first time I played here, There's such an air. You can feel the electricity in the building, to feel the championships and the history.

2016年2月22日

洛杉矶湖人 101 ：108 密尔沃基雄鹿

时间	投篮	三分球	罚球
24:27	3/12	1/5	8/9

15分 5篮板 2助攻 1抢断 0盖帽 2失误 3犯规

第 31 套战术提前用

2016 年二月底，湖人主帅斯科特为球队设置了一套新的战术。斯科特称这是本赛季的第 31 套战术，他曾犹豫是否要等到下个赛季再实施，但最终决定没有必要再等了。

“我们现在对这套战术用得越多，我们的队员就会变得越舒服。”斯科特在训练馆里接受采访时说。当被问到这套战术的目的时，他是这样回答的：“球的移动更多，球员的移动更多。”斯科特说，“我认为我们是联盟中球转移效率最低的球队之一，因此我想做出改变。我告诉队员，我们将在剩余的赛季贯彻新的战术。我只是觉得我们需要这样，以便我们能将球转移起来，让更多的人参与进来，具备更好的设置空间的能力。”

德安吉洛 · 拉塞尔称斯科特的新战术是一套“伟大的战术”。“我喜欢这样。”拉塞尔说，“我感觉这很新颖，迫使你去打出篮球的战术。我们中的一些人真的不具备这个能力。”

那意味着更少的单打独斗吗?

“是啊，”拉塞尔回答，“我感觉我们目前太多单打独斗了，之前的战术无法发挥我们的潜力。当你试图单打独斗时，眼前一片拥堵。”

斯科特透露，实际上去年的夏季联赛曾让年轻球员用过这套战术。“我只是在我们常规赛开始的时候没有启用，我改用别的了，现在我还原回来了。”斯科特说，“拉塞尔、克拉克森、兰德尔、南斯、布朗，他们都对此十分熟悉。我们的老队员可能会有些陌生，但是他们此前应该见过。联盟估计得有 10 支不同的球队在持续不断地使用这套战术。现在我们也加入进来。”

斯科特的其他战术都已经在这个赛季使用过，其他战术的使用都是给这套新战术积攒时机。“我得说自从训练营以来，估计有 20 套战术是原封不动的，而且我大概每 2 到 3 周给每一套战术加一些技巧。”斯科特说，“我们老队员中的多数都没有看到这点，但是如果你在我加入这些新技能时问我的老队员，他们都会表示喜欢。这得一天天地循序渐进，我此后还会继续加。”

“这会让我们在下赛季沿用此套战术时不会陌生。”拉塞尔说，“我们在这个赛季早些时候有用过，但是现在看来都忘了，因为我们太久没使用了。如今我们重拾战术，我们能够明白这是我们此前用过的。”

朱利叶斯 · 兰德尔也是这套战术的拥护者。“我很喜欢。它迫使我们去制造空当，迫使我们去转移球。我们得继续练，练得更好。”

但在赛季的这个阶段才植入新战术，看上去对球队是个挑战。

2016年2月24日			
洛杉矶湖人 119 ： 128 孟菲斯灰熊			
时间	投篮	三分球	罚球
28:57	5/14	2/7	1/2
13分1篮板2助攻1抢断0盖帽1失误2犯规			

2016年3月2日			
洛杉矶湖人 107 ： 117 丹佛掘金			
时间	投篮	三分球	罚球
10:50	1/2	1/2	2/3
5分2篮板1助攻0抢断0盖帽0失误1犯规			

“谈不上什么挑战。”斯科特轻描淡写，“我们需要注意的是此前的几场比赛，对手的投篮命中率始终高于五成或者更好。因此我要你们关注的不是进攻。说白了，不是进攻。我们出问题的地方是防守。我们如今也在强调这个。球员们可以去试试。当我们植入新战术，实际上我们并没有什么新的植入。而是，说真的，我们的防守需要做得更好。”

科比因肩伤休息，所以没有参加这次战术训练。但看起来，对科比来说这并不是问题。“我只告诉他了一点点，他就说，‘好的，我搞定了。’”斯科特笑着说，“我并不感到惊讶，我知道他会搞定的。这并不是一个大问题。”

2 月 26 日，湖人实验新战术的第一场以 95 比 112 负灰熊，科比休战，拉塞尔 22 分，在回归先发后渐渐找回状态。

3 月 1 日，湖人主场迎战网队，科比继续休战。斯科特战术的第一拥趸拉塞尔爆发，全场三分球 12 投 8 中，砍下 39 分，创个人赛季得分新高；兰德尔也拿到“14+13”的两双成绩；湖人主场 107 比 101 拿下网队。最关键的是，湖人实现了斯科特第 31 套战术的要诀：做好防守。本场比赛，网队的得分是过去 7 场中最低的。

另外，这场比赛中，球迷能够买到科比的新版摇头娃娃。

3 月 2 日，湖人背靠背飞到丹佛，客场挑战掘金，以 107 比 117 落败。科比复出，只打了 11 分钟，拿到 5 分。湖人输在第 4 节，单节得分 25 比 34，被对手完全压制。湖人没做好防守，失了 117 分，看来第 31 套的战术还需继续研究。

But it felt good to take a good hit and to know that the finger kind of (stood) up to that. So, it felt OK.
You say 'thank you' to the fans, Let the fans know how much I have appreciated you guys over all these years.

鹰县的科比，丹佛的曼宁

2016年3月2日，科比抵达丹佛。这里也是美式足球职业队丹佛野马的主场。2016年，NFL第50届超级碗，丹佛野马战胜卡罗莱纳黑豹夺冠。丹佛野马领袖佩顿·曼宁在生涯暮年率队夺冠，堪称佳话。美式足球是美国本土的第一体育运动，在美国体育迷心中，佩顿·曼宁的地位可以说一点都不逊于科比。佩顿·曼宁1998年开始NFL的职业生涯，先后效力印城雄马和丹佛野马；在雄马拿到4座MVP，一次超级碗冠军；生涯暮年，转会野马，在人们认为他已难以重现当年的巅峰表现时，再次拿到MVP，并夺得冠军。作客丹佛的科比不能不提这位他深深敬佩的体育明星。

"从佩顿·曼宁进入职业联赛的第一天起，我就一直关注着他，关注着他是如何准备比赛，这么多年我一直希望能从他那里学到东西。"科比说，"可以说我一直以来就在那个步调上。看到他这个赛季的表现，拿到超级碗，我简直喜不自胜。此前所有人都认为他完了。如今我真的为他而高兴。"

在第50届超级碗之前，关于佩顿·曼宁何时退役的流言一直萦绕在美国的职业体育界。佩顿·曼宁率队战胜常规赛只输掉一场的黑豹，拿下超级碗，可以说证明了老将的价值。但夺冠后，他又牵扯进在田纳西大学时的一起性侵案件。佩顿·曼宁被当年一位为他体检的女训练师指控，在体检过程中曼宁把生殖器贴到了她的脸部。这一风波甚至盖过了曼宁的退役计划。

指控科比性侵的官司正是在与丹佛同属科罗拉多州的鹰县进行的。同样是在联赛长年征战的老将，同样曾受到性侵的官司困扰，科比可以说与曼宁惺惺相惜。他所能做的就是对曼宁的退役计划给一些建设性的建议。

"这是一件我从小到大一直在思考的问题，你知道何时该走人吗？"科比说，"我很幸运能够有所顿悟，我已经对退役这件事泰然处之了，我心中充满平静。如果我的心里仍然还在做跷跷板，我决不会宣布退役的。我还会继续打，因为那意味着我还不准备离开。你需要跟随你自己的心。"

“黑曼巴”的钻心咒

在湖人客场107比117负于丹佛掘金这场比赛的最后时段，因肩伤只打了11分钟的科比突然脱掉战靴，在上面认真签了名；然后他转过身，把鞋子递给了后排的球迷。在外人看来科比一定是疯了。

“她们靠本事拿到的。”科比赛后认真地说，“坐在我身边的年轻女士挣到了这双鞋。我们做了一个小测验。她们想知道我的宠物狗叫什么，我给了她们线索。我说，这来自哈利·波特的电影。每一次暂停，他们可以说出15个名字。交易是，如果她们猜对了，我会赠给他们我的鞋子。她们真的拿到了。”

科比说他的宠物狗名字叫做“Crucio”，是“不可饶恕咒”的一种。“哈利·波特”中的“不可饶恕咒”包括杀戮咒Avada Kedavra、钻心咒crucio、夺魂咒Imperio，这些都是极为邪恶、残忍的黑魔法，一旦对人使用，使用者将会被终身监禁在阿兹卡班（巫师监狱）。被钻心咒击中的人会感到刺骨的疼痛，钻心的痛苦会使被施法者痛不欲生，如果一直不停施咒，被施法者会被折磨疯，甚至死亡。

复仇性极强的黑曼巴把钻心咒当做宠物的名字想必是要时刻告诫自己，勿忘仇恨，并且找到合适的时机，使用“钻心咒”。

2016年3月6日

金州勇士95 ：112洛杉矶湖人

时间	投篮	三分球	罚球
24:21	4/14	0/5	4/4

12分2篮板3助攻0抢断0盖帽3失误2犯规

库里：本来相同的故事还能上演

进入 3 月，在厄尔尼诺暖流的作用下南加州终于下了几场雨，旱情得到缓解，北面的群山再次变成白色的山峰，巍峨壮观。

本赛季勇士输球总会成为不小的新闻，甚至会成为当日头条，而西部垫底的湖人拿下勇士更是造成了轰动。

这场比赛，科比冒着肩伤恶化的危险上场得到 12 分，并在第 4 节坐在板凳时不断教导年轻队友。克拉克森得到 25 分，拉塞尔 21 分，湖人最终以 112 比 95 战胜卫冕冠军。本场比赛，勇士引以为傲的三分球命中率被限制到了 13%。

“我们罪有应得。”赛后勇士主帅科尔这样说，“球投不进，你就得打出能量、防守和坚韧，可惜我们都没做到。”

“科比让我们保持住了节奏。”拉塞尔说，“整场比赛他都在场边教导我们，告诉我们当我们得球时一定要推进球，不要等，这真的奏效了。”

事实上，赛前双方在预测的取胜几率上相差 72.7%，这也让湖人的获胜成为 NBA 历史上实力最悬殊的获胜。联盟最强的远投球队，外线 30 次投篮 26 次偏出，与他们场均近 13 个三分的表现相去甚远。库里和汤普森的三分球 18 投中 1。

“我得说其中 24 次都是好机会，只是没投进。”库里说，“事实就是这样。”“我们没有打出 A+ 的表现，但是我们此前面对这种问题都能用不同的方式赢球。”库里说，“那也是我们最为之自豪的。今天本来相同的故事还能上演，我们第 3 节开始投进，却没想到挖了这么深的大坑。”

勇士 7 连胜终止，上一次输球还是 2 月 19 日客场负于开拓者。

“就是这样。”格林说，“这样的比赛，以后再也不会发生了。”

湖人在第 2 节就建立起两位数的比分优势，勇士虽在第 3 节一度追赶到 57 比 65，但克拉克森随即投进两记三分，又有兰德尔的扣篮，第 4 节马塞洛·胡尔塔斯还助攻小拉里·南斯空中接力，湖人主场的观众对眼前的景象难以置信。

“我们这伙年轻人在这里成长。”克拉克森说，“我们此后需要一步一个脚印。”“我们整场比赛都很好地贯彻着战术，对细节也十分注意。”科比说，“对于年轻球员来讲，这场比赛的结果很重要。随着他们的成长，越来越信任彼此，越来越重视比赛的过程。从这个层面来讲，这场比赛太伟大了。”

谁也阻挡不了科比告假

网球霸主德约科维奇、NHL 名将奥维琴科、足坛名宿罗比·基恩都来看科比的比赛，是不是意味着科比一定会上场呢？您可千万别高兴得太早。2016 年 3 月 8 日，湖人主场迎战魔术，赢下勇士后，科比似乎对小兄弟们有了信心，面对东部日益崛起的魔术，再次告假。湖人小将联袂发挥，拿下比赛。当然，科比没有在家养伤，不然赛后奥维琴科也无法在社交媒体上晒出他与科比和德约科维奇的合影了。科比笑容灿烂，也许是因为他看到了湖人的未来。拉塞尔、兰德尔、克拉克森得分都是上 20 的表现。还是第一次。

“这场比赛很重要。”兰德尔说，“我们得展示我们已经成长了，而且不满足于一场胜利，能够继续赢下第二场，再次打好。”

“他们拥有球场上最棒的三位球员。”魔术主帅斯科特·斯凯尔斯说，“当你有这样的三位球员时，你就能赢比赛。”

“人们一遍又一遍地讲。”拉塞尔说，“我们得继续证明实力，我们建立了互信，我们知道彼此能做什么。此后我们要再赢更多的比赛，在我们再次对球迷讲话之前拿出提升。”

斯科特对兰德尔、拉塞尔循序渐进的培养方式收到了成效，大半个赛季他都将这两位小将按在板凳上，为的就是磨练他们的意志。“赛季一开始，我们知道这些家伙成长是需要时间的。”斯科特说，“只是时间多久的问题。只要计划进行顺利，我们只需要让他们做好调整、尽可能地做好准备，然后看谁能比谁进步更快，如果有人成长较慢，你就得帮他迎头赶上。”

两连胜，来得不算晚。小将们的磨合更顺畅了，这也是经验和化学反应的结果。“我们已经一起打球很久了，我们开始把感觉传递给对方，知道对方想在哪里要球，什么时候感觉舒服。”拉塞尔说。

斯科特的 31 号战术也补充得十分及时，球的转移和防守让小将们的化学反应有了不错的契合点。

2016年3月10日			
克利夫兰骑士 120 ： 108 洛杉矶湖人			
时间	投篮	三分球	罚球
32:12	11/16	3/4	1/2
26分5篮板2助攻1抢断1盖帽0失误1犯规			

“绝版曼巴”VS“绝代双骄”

2016 年 3 月 10 日和 3 月 13 日湖人的两个主场比赛对于科比来说不同寻常。好像联盟事先设计好的，科比将在主场与“绝代双骄”勒布朗 · 詹姆斯与卡梅隆 · 安东尼上演一出告别大戏。

科比对詹皇：风格的革命

主场迎战骑士的赛前，科比在更衣室门外的走廊看到了詹姆斯的母亲格洛里亚，科比很客气地走了过去，告诉她，他一直在看她孙子们的比赛，他们才华横溢，但有一点，科比要提：“他们太爱传球了。告诉他们我是怎么打球的，我能够纠正他们。”

“我们无法改变自己。”科比说。比赛的第 4 节，科比坐在板凳席，咬着牙等待着理疗师为他处理肩部的伤势，与此同时，骑士板凳席上的詹姆斯正在与他的经纪人以及朋友聊天。一个是单打型，一个是分享型。永远无法改变。科比在第 1 节出手 6 次，詹姆斯只有 3 次，而詹姆斯第 1 节的助攻数就超过了科比全场的助攻数、最终，科比 26 分，詹姆斯 24 分，但詹姆斯的 7 次助攻、2 次盖帽体现了他的全面性。

科比利用每一次机会对詹姆斯发起攻击，利用他仅剩的几件武器，后仰跳投、干拔、脚步；詹姆斯则泰然处之，轻松过掉科比完成扣篮，只留下科比在后面无奈地笑，但在比赛的绝大部分时间里詹姆斯一直把科比当做长者一样尊敬。那些“惩罚”都留给了其他的湖人球员，比如一次对篮筐猛攻后兰德尔、拉塞尔被虐倒在地。

比起当年科比与乔丹的最后一战，詹姆斯与科比的最后一战从声势上可能要弱很多，因为当年科比的发挥点燃了乔丹的斗志，科比半场砍下 42 分，全场 55 分，乔丹则以 40 岁高龄砍下 23 分。

2006 年，詹姆斯在接受 ESPN 杂志采访时说，他不像科比那样“想干掉每一个人”。 当科比听到这个詹姆斯的言论后，他的好奇是，为什么詹姆斯要公开说这件事。因为在科比心中，他一直保守的秘密是他本是一名和善的人，而为了冠军，他需要隐藏起自己的和善。而詹姆斯将自己的和善公之于众。

赛后的采访中，科比表示这些年来他对待媒体不够“学院派”，换句话说就是他不够和善，因为他一直肩负着夺冠的压力。如今湖人进入重建阶段，他可以在自己的告别之旅中更加和善地对待媒体。

而他认为此时还在争取另一枚总冠军戒指的詹姆斯最好不要太和善。“勒布朗，他是一位……他总是能够把人们捏合在一起。他本质上就是那样。他深谙此道。但是总得有人站出来提升球队的韧劲和侵略性。也许欧文吧。”

科比对甜瓜：有人抢戏

“我想，每一个在这个水平的人，在我们这个水平的人，都需要一些我们可以直接聊天的人：这些人我们可以谈心，他们可以直截了当地告诉我们情况如何。不管我们是对是错，我们都需要这样的人。”安东尼这样形容他与科比的关系。因为科比在某些时候正是扮演着这样的角色，这份友谊自从科比与安东尼共同为美国队征战时就已建立。

2012 年，安东尼迎来了职业生涯最黑暗的岁月，当时尼克斯的球迷都成了“林疯狂”的粉丝。这股狂潮让每一个人都参与其中，但对安东尼来说则很不同。安东尼受伤缺阵，外界的舆论矛头开始指向他，质疑他是否能够在复出后率领尼克斯走向成功。

安东尼当时倍感煎熬，科比告诉安东尼，不要担心周围的这些搅扰，把注意力放到球场上。科比的建议帮助安东尼走出了泥潭，并在接下来的那个赛季打出 MVP 级别的表现。科比的话语影响着安东尼的职业生涯，这份感情让安东尼与科比的告别战充满了惺惺相惜的味道。

“充满感动，从对位最伟大球员之一这个角度来说，从朋友和兄长的角度来说，从最后一次对位来说。”安东尼说，“这不仅是篮球的友谊。我得说，篮球让我们走在了一起，但友谊已经超越了球场，我们将它带到了另一个层面。”

比赛最后 3 分 32 秒，科比再度登场，湖人领先 3 分，他用一记转身后仰跳投帮助湖人 81 比 76 扩大优势；安东尼回应一记三分，并用一记远投让尼克斯在最后 54.8 秒以 86 比 85 反超。此后双方又打平。还剩 28 秒，湖人球权，科比在最后 9 秒时瞅准机会跳投。

“他是一个刺客，伙计。你不能在对位他时不发挥。”安东尼说，“即使现在，你看看他打球的样子，他在持球时眼里依然是那个样子，你得好好盯着他。所以我们绝不会放过他。”

尼克斯防住了，科比跳投未进。

尼克斯有 9 秒的时间完成最后一攻。“我想要这次机会。”安东尼说，“我很确信我们能给球迷他们想要看的。”

It was just fun, I enjoy the physicality of it. Playing against him is fun because of his size. It's always fun to bump with him and to have that physicality, backing him down and driving and bumping. That's fun.

2016年3月13日

纽约尼克斯90 ：87洛杉矶湖人

时间	投篮	三分球	罚球
26:50	5/15	1/4	3/4

14分2篮板0助攻1抢断0盖帽1失误2犯规

但在最后时刻球没有运转到安东尼手里。时间所剩不多，只有三分线外的卡尔德隆有空位，见球交不到安东尼手里，他准备自己干了。

“当时的情况十分奇怪。”卡尔德隆回忆，“战术安排是要给安东尼的，但是他无法脱身。我拿着球，已经没有什么选择了，片刻间，我得到了空当。有时，如果一名球员表现一直挣扎，那么他往往能投进关键球。”

卡尔德隆泰然出手，皮球应声入网。

科比和安东尼两位关键先生都未能主宰比赛。

恶棍与终极斗士

科比缺席了 3 月 15 日湖人主场迎战国王的比赛，小将们虽拼尽全力去赢球，但国王全场的 17 次抢断，让湖人失去了节奏。这一赛季，国王队史上第一次横扫了湖人。14 胜 54 负的湖人如再输 7 场就追平了历史最差战绩，想要避免的话，他们必须在此后的 14 场比赛中至少赢下 8 场。

本场比赛，朗多贡献 9 分、6 个篮板、12 次助攻的全面数据，虽然赢球，但略有遗憾，因为未能见到好友科比。

“我没几个朋友。”朗多说，“我的朋友都是些恶棍，科比、考辛斯、约什 · 史密斯、大宝贝（格伦 · 戴维斯）。我们场上场下都是斗士。我不是说 NBA 没几个斗士，我们只是用某种方式来完成比赛。”

朗多和科比的交情是在生死战中结下的。没错，就是在 2008 年和 2010 年总决赛中。“2010 年，他们赢下了第 7 场。他打得很糟（24 投仅 6 中），但是他抓下 15 个篮板，他找到了另一种帮助球队赢球的方式。你还能要求你的球星做什么呢？”朗多说。

当年在赛场上朗多推科比被科比指着鼻子骂的场景一直留在朗多脑海中。他拒绝透露科比当时所说的内容，脸上露出了神秘的笑容。

“我们相处得很好。”科比说，“基于我们的侵略性和意识，我们阅读比赛的方式是一致的。据我所知，他是个恶棍，和我一样。”

是科比主动发起了这份友谊。在总决赛中，科比开始渐渐与朗多交谈。科比嗅到弱点便拼命攻击的方式，给朗多留下了深刻印象。当科比负责在场上防守朗多，他就会放垃圾话。朗多也绝不退缩。从那时起朗多也对科比肃然起敬。

“我想他也把我称作恶棍，我也这么看他，我们想着同样的东西，两个恶棍的早餐。”朗多说。

“斗士。”朗多形容科比，“（如果要）俩词儿，（那就是）终极斗士。”

2016年3月22日

孟菲斯灰熊100 ：107洛杉矶湖人

时间	投篮	三分球	罚球
30:20	7/18	2/5	4/4

20分2篮板1助攻1抢断1盖帽4失误4犯规

卡特那一扣科比记了 20 年

科比在 2016 年 3 月 18 日主场迎战太阳的比赛继续休战，湖人 90 比 95 输球。3 月 22 日，湖人主场迎战灰熊，科比复出。虽然只休了两场比赛，但之间隔了 9 天，让科比好好缓了一阵。这次，科比又要面对老对手卡特了，也是他生涯最后一次。

“每次和他比赛都是一种享受。”科比提到卡特时说，“我爱这样的比赛。”

他们曾在高中的 AAU 联赛一起打球，因科比高中教练的缘故，科比与卡特之间早早建立了联系。

科比的高中教练格雷格 · 唐纳曾用卡特的名字来激励科比，因为卡特曾帮助佛罗里达戴通那海滩的梅兰高中拿到州冠军，当时卡特是高四生，手腕和脚踝都有伤。因此，格雷格 · 唐纳时常激励科比，想让他带领劳尔梅伦高中干出一番事业。科比记住了这份挑战，最终率领他所在高中拿下了 53 年校史上的第一次州冠军。2010 年，当科比再次回到母校劳尔梅伦高中时，科比告诉教练格雷格 · 唐纳，正是他的不断刺激才促使科比肩负起了为母校争夺州冠军的重任。

进入 NBA 后，由于这个原因，科比每一次面对卡特都打得格外卖力。当卡特听到这件事时他不禁咯咯发笑，就像是科比被当年的一个谎言给骗了。卡特表示，实际上那次夺冠期间，他每场打不了多长时间，但他说自己当时确实有伤，而且将母校的篮球水平提升到另一高度确有自己的努力在其中。虽然在他生涯的 18 个赛季与科比已交手 30 次，但直到现在才知道自己居然是科比生涯的动力之源的一部分。

“酷毙了，尤其是我根本不知道有这码事。”卡特瞪大了眼睛，抬头纹隆起，然后稍作平静，“任何能够让他更加完善的信息，他都将用上。这并不让我感到惊讶。”

科比把这份激励始终铭记在心并没让格雷格·唐纳感到惊讶。“在科比所有能够记住的事情中，他始终不会忘记我当年取笑他，说他不如卡特这件事。”格雷格·唐纳说，“他把这一切都记了下来。他要成为最好的。这些年过后，卡特所完成的已经远远赶不上科比了。”

最终卡特撂下一句：“除了科比没有人能够与乔丹作比较。”

“战火将燃起。你知道他会朝着你来。”卡特提到科比时说，“他朝着你来了。他可以做任何脚步移动。你不需要多少东西就能刺激到他，让他发动进攻。”

科比对卡特的形容则是“我所见过的最棒的扣将”“半人半神”。当卡特听到这番形容后乐坏了。即使卡特的简历看上去已远不如科比，但这没能阻碍两人重燃斗志的欲望。“是他用表演和超人般的身体素质让联盟战火纷飞。对我来讲，那是刻不容缓的挑战。”科比说，“每一次我和他对位，都要确保防好他，给他制造麻烦。”

当年和科比一起追逐联盟至尊荣耀的那些人都已老去，风光不再，艾弗森、加内特、T-Mac、卡特，他们已渐渐淡出人们的视野。“或许是因为我生涯更长吧。”科比说，“但我总是想着如何能够成为我能成为的最棒的球员。为了这个，当某些人在我前面的时候，我都要知道他们是如何做到的，他们的弱点是什么。”

新泽西州派特森，卡特高三刚刚结束，进入 AAU 联赛，遇到科比。卡特回忆说，当时他们都想成为佼佼者。当卡特在热身赛中将科比一次糟糕的传球照旧灌入篮筐时，惊讶和妒忌在科比的心中升起。“我当时认为我把球扔得太高了，但他照飞不误，抓到球，还不得不后仰，好让他的胸不蹭到篮筐。”科比回忆，“我当时想这家伙究竟是吃什么长大的。我在费城从没见过这么玩的。简直让人疯掉。”

可惜的是，他们没能成为大学校友，科比以高中生身份直接了进入 NBA。但如果让科比选择大学的话，科比说他会选北卡，原因很简单。“就是为了天天跟他斗。”科比深吸了一口气说，“他是当时排在我前面的两名后卫之一。我绝对会到北卡去争的。”

“那真是了不起。”卡特听到这个假设后表示，“我们的球队会更棒。有他，我们绝对会赢得总冠军。但你听他讲的，看看他的斗志，他总是想到竞争最激烈的地方。那是毫无疑问的。”

在卡特尚未进入 NBA 的那两年里，科比抓紧了时间。虽然科比与卡特在 NBA 的第一次遭遇以卡特得分占优告终，但科比在第二次交锋中还以 40 分。此后的对位更激烈，据统计，此后科比每次对位卡特，场均 23.8 分、投篮命中率 40.8%，而卡特 16.4 分、命中率 39.6%。“我像他一样渴求胜利。”卡特说，“有时我能得逞。但是多数时候都是他赢。”

的确，科比在对位卡特有 3 场比赛拿到 40 分以上，6 次 30 分以上。

“很多次我们见面都冲对方昂着头。”卡特说，“如我想赢比赛那样，他每次都想占上风。真的很有趣。”

两人一打就是 18 年，现在都已老去。

“好好聆听你的身体，好好想一下是什么让你的身体保持状态至今。”卡特说，“绝非易事。你要乐于做一些让你感觉不舒服的事，即使感觉上你不是在那样做。你仍然爱着比赛，你会竭尽所能去打好。”

“我不会退缩的。我会继续下去。”科比这样说，“我会找到解决办法，改变我的比赛，作出调整。我想就是这股倔劲儿推着我一直向前。”

I thought they played hard, I think it's time for them to make that jump. Now it's time to really lock in on those details.

2016年3月23日			
洛杉矶湖人 107 ：119 菲尼克斯太阳			
时间	投篮	三分球	罚球
27:54	5/13	3/8	4/4
17分3篮板2助攻0抢断1盖帽1失误1犯规			

凤凰城：爱恨交织的地方

2016 年 3 月 23 日，湖人作客菲尼克斯。在亚利桑那的这座大城市，当地人一直都认为科比对他们怀恨在心，因为此前那些年的季后赛湖人与太阳屡屡遭遇。生涯最后一次造访凤凰城，科比说了实话，他真的恨这里。

“没什么误解，也没有什么可回旋的余地，我就是恨他们，绝对的。”在 107 比 119 客场落败后，科比毫无保留地说出了心里话。

2006 年和 2007 年，纳什曾率领太阳在季后赛淘汰湖人。虽然在 2010 年的夺冠之路上报了仇，科比仍然恨意未消。“是的，他们让我与总冠军失之交臂，两次呢。”科比说，“XX，对，我恨他们。绝对的。拉加 · 贝尔、纳什，还有剩下那帮家伙。我恨他们。毫无疑问。但同时，我也爱他们，因为他们激励我和我的队友打出了最好的状态。所以我得说是爱恨交织的感情，因为我恨他们当年那么棒，阻止我们赢球。但同时，我爱他们那种状态，我知道我们得做得更好。真的是爱恨交织。”

“他们真的是我的冤家对头。国王真不算，因为我们每次都能击败他们。菲尼克斯，他们真的是痛打我们，逼迫我们不得不成长并且超越他们。真的是死敌。”科比说。

科比坦言，菲尼克斯是他当年要求被交易的三个目标城市之一，另外两座城市分别是圣安东尼奥和芝加哥。

在科比的最后一次造访中，太阳为他做了一份特别的视频，在比赛第 4 节科比离场时播放，伴着粉丝的高声呼喊，现场气氛很感人。

“当我还是个孩子时，我真的无法奢望能够在如今拥有这些。”科比说，“当我还只有 6 岁时，没有人会告诉我，我能和我最爱的球队共度 20 载，而且当我退役时，我还能一座城市一座城市地接受这样的礼遇。根本不可能。简直超现实。我感到真的是被上帝保佑了，我能有机会去经历这些。太疯狂了。”

即使这样，当一个个对手告别而去，球员换了一代又一代，科比没有感到悲伤。“那挺棒的，

You can't dream this as a kid, You can't tell me at 6 years old that I'd play 20 years with my favorite basketball team and when I retire get this type of response from city to city. There's just no way. It's surreal and I just feel extremely, extremely blessed to be able to have the opportunity to go through this.

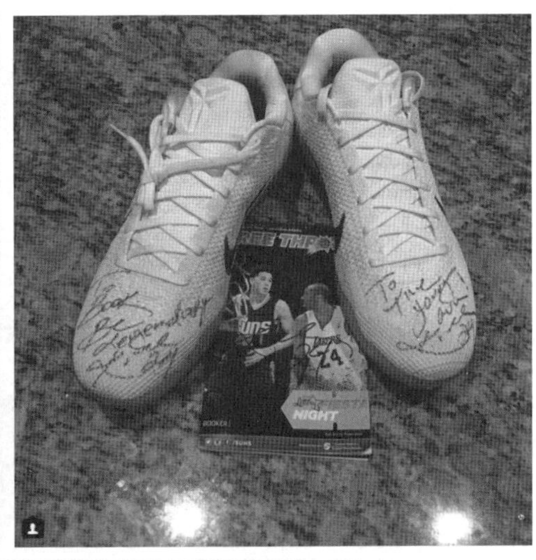

Kobe Bryant signed a pair of shoes for Devin Booker and the game program. He wrote, "Be legendary." **#SunsVsLakers pic.twitter.com/DR8e9r0Xk4**

— Paul Coro (@paulcoro) March 24, 2016

2016年3月23日，洛杉矶湖人对阵菲尼克斯太阳。科比得到17分3篮板2助攻。赛后，科比送给太阳新星德文·布克一双签名鞋，上面写着："Be legendary（成为传奇）"。之后布克也在个人推特上晒出签名鞋照片。（图片来源：网站截屏）

说真的。"科比说，"没多少人能够有幸看到联盟的成长。我已经历经五代球员了。如今的太阳后卫德文·布克在我打第一场比赛的时候都还没出生呢，而我还在打球。这真疯狂。如今我还有机会和他讲话。我还有机会帮助后辈。我有幸看到联盟的发展方向，因为我知道它过去是如何发展的。我真的感觉是老天保佑。"

毕业于肯塔基大学的布克砍下全场最高的28分，他表示自己是看着科比的比赛长大的。"我记得当我拿到球，我很讨厌在低位拿球。"布克说，"随后我还投丢了，但是我用他的动作来对付他，他也对我说了第一句话：'你小子在用我的动作来对付我吗？'他说那句话是在比赛的最后阶段，这真搞笑。那是我们唯一一次对位，但是，如我所说，我将一生难忘。"

而科比也记得那一刻。

"他首次面对我就用了我的招儿。"科比说，"我说，伙计，你要用我的招儿击败我吗？但是我很高兴见到这个场面。绝对赞。我记得我也曾这么对位过乔丹。"

2016年3月25日			
丹佛掘金116 ： 105洛杉矶湖人			
时间	投篮	三分球	罚球
28:42	10/22	4/9	4/5
28分4篮板0助攻0抢断0盖帽1失误2犯规			

最后 10 场必须拼

在 3 月 25 日迎战丹佛的比赛中，科比忍着肩部的疼痛再次披挂上阵。四天三战对一名老将来说是不小的考验，但科比打算全勤出战生涯的最后 10 场比赛，对阵掘金会是一个好的预演。

虽然科比下半场发挥出色，但没能扳倒攻守均衡的掘金，尤其在掘金冲击季后赛名额的关键时刻。全场比赛，科比送出 4 个三分，得到 28 分，这也是他近 8 周以来的最高得分。科比的猛攻一度将 18 分的分差赶至 4 分，但掘金的板凳过于强大，联手砍下 71 分，D.J. 奥古斯汀一人就扔进 5 记三分。

“第 3 节我有点冒汗了，因为我看到了科比的表现，由于他的存在任何事都可能发生。”掘金主帅马龙言道，“比赛会永远怀念他。他是 25 到 30 年才能出一位的球员。”

“我们知道他们会打出高潮的。”奥古斯丁说，“他们毕竟还有科比。我们要保持冷静和耐心。”

科比的上一次疯狂进攻是在 2 月 2 日对阵森林狼时，当时他 28 分钟内 22 投 10 中，砍下 38 分，这一次科比的小宇宙再次爆发。但科比不能上太长的时间。“我只是想省着用，尽可能保持体力，努力把剩下的比赛打完。”科比说，“我显然已经贡献了我的全部。”

I'm just trying to save up and have as much energy as possible, and try to play all of these games, I'm just giving it absolutely all I can.

2016年3月27日			
华盛顿奇才101 ： 88洛杉矶湖人			
时间	投篮	三分球	罚球
22:31	6/15	3/7	2/2
17分1篮板2助攻1抢断0盖帽2失误0犯规			

有人不知科比为什么退役，居然

2016 年 3 月 27 日，湖人主场迎战奇才，科比最后 10 场比赛的第 1 场。约翰 · 沃尔率队来战，他的母亲也前来观战。沃尔轻松拿下 22 分、13 次助攻，科比则在 23 分钟内砍下 17 分，结果不出所料，湖人又添败仗。

“这场比赛打得很丑陋。”科比说，“问题是如何打出正确的战术。我们今晚错失了很多容易得分的机会，很多次上篮，我们需要好好训练。”

开场前两分钟，科比连中两记三分，上半场得到 15 分，此后便冷却下来，比赛第 3 节 4 分 25 秒时下场，因为要节省体力迎接下一战的对手爵士。

“科比站了出来，用他娴熟的技法连投两记三分。”奇才主帅威特曼表示，“那就是他。我们都清楚。他一直很强。他还能打。我都不知道他为啥退役。”（作者注：赛季结束后威特曼因球队战绩不佳下课。）

如此前一样，科比发挥出色后总有记者调侃科比是否对退役的决定后悔了，科比从未改变主意。赛后，曾有人问他是否考虑像当年乔丹那样传递火炬。

“他从未传递火炬。”科比说，“火炬从来不是用来传的，你得去争取。”而且他不认为湖人球员中有人能够承接火炬。

“不。”科比说，“如果你要问，答案已经有了。有些事你不必问。结果就在那。”

“这很艰难，因为每个人都是不同的。”科比说，“每个人都不同。每个人也都得用不同的方式去证明。我想我们的核心就是，那种竞争的驱动力，以及对比赛的着迷。”

这场比赛是科比生涯最后一次在自己的更衣柜前接受采访的比赛。此后 9 场，科比的采访都将以记者发布会的方式进行。“我会想念这样的赛后吗？”科比说，“可能吧。也许。是的。我在更衣柜前做了太多采访了，最难忘的就是我跟腱撕裂的那一次。是的，我会怀念在这儿接受采访的，看着你们一个个用胳膊肘抵着对方抢位置。”

It was pretty ugly, It's about making the right plays. We missed a lot of easy ones tonight, a lot of layups, and that had a lot to do with it.

2016年3月28日			
洛杉矶湖人75 ： 123犹他爵士			
时间	投篮	三分球	罚球
27:44	1/11	0/4	3/3
5分0篮板2助攻1抢断0盖帽0失误0犯规			

最后一战的彩排演砸了

2016 年 3 月 28 日，湖人作客盐湖城，科比生涯倒数第 9 场比赛。75 比 123 输球后，湖人追平了队史最惨输球纪录。2014 年 3 月湖人曾以 48 分的分差输给快船，不过那场比赛科比没打。这场比赛科比虽然上场 28 分钟，但 11 投仅 1 中，拿到 5 分，胜负分贡献则为 −43，职业生涯最差的一场。年迈的科比只得接受这一切。“我们本赛季只赢了 15 场。”科比说，“我的意思是，输掉 48 分对于只赢 15 场球的球队来说没啥新鲜的。我们整个赛季都这样。”

生涯最后一战，湖人也将对阵爵士，科比一定期望用胜利告别职业生涯。

这场比赛还是主帅斯科特 55 岁的生日。“这真是耻辱，我们的老队员不得不去应对挑战，尤其是科比。显然他一生都是这样。但是没人能够站出来，替他接受挑战。他还有 8 场就要告别生涯了，有时我们还得让他歇歇，今天可倒好，真是耻辱。”

斯科特补充道：“每场比赛都有为胜利而战的原因，自尊是最大的原因。你要向你的球队证明你有资格待在这儿，你得知道紫金战袍的意义。我认为更衣室里有些家伙不明白。”

I just tried to choke plays off, If he catches it, then I'm killed, especially tonight because I've played way too many games in a row. I can't move. If he catches it, he can go right by me. So I tried not to let him catch it.

化身尤达大师

对阵爵士一战，湖人创下队史最大分差的输球纪录，而就在这场比赛风波未息时，拉塞尔卷入的一场闹剧又将湖人推向风口浪尖。

拉塞尔录了一段自己与队友尼克·杨的私人谈话，当时杨并不知情。视频通过社交媒体传出后，队友们对拉塞尔的信任大打折扣，造成了湖人更衣室内部的紧张，甚至造成湖人此前48分败给爵士。视频中，拉塞尔问杨："你30了，她才19？"提到的是一位杨在夜店认识的女性。"安贝尔·罗斯咋样？"拉塞尔又问。"不，她认识我女人。"杨在视频中这样说。此后拉塞尔说："我很高兴你在录像中全交代了。"杨当时并不知情，还扭过头问他说了什么。而这段对话的背景是：2015年6月，杨和他的澳大利亚女友、说唱艺人阿米莉亚·凯利已宣布婚约。

"不，没什么好说的。"拉塞尔在投篮训练后不想对媒体讲话，走进了训练馆的更衣室。

"我还没和他讲话呢，我也不会跟他讲话。那是我们内部需要处理的事情。"主帅斯科特说，"我唯一失望的是这件事的泄露。我们是个大家庭，应该把事情留在屋内。"

多位湖人高层为拉塞尔感到失望，但他们选择不介入。"目前，他们的处理方式是孤立他。"有消息称。

拉塞尔的经纪人布朗没有对此事表态。

一位湖人内部人士说："这是一起被搞砸的恶作剧，错在拉塞尔，他要为此承担责任，我希望他不要被过度批评。"

这段视频的流出一直是湖人更衣室的谈资，更是造成拉塞尔与几位队友关系的紧张。一次早餐会议，没人愿意和拉塞尔同桌。当拉塞尔进更衣室坐在路易斯·威廉姆斯旁边时，路易斯起身走开了。"糟透了。"内部人士这样描述，"球队内部已经有信任危机了，如今信任荡然无存。"

湖人已将拉塞尔视为建队核心，主帅斯科特曾夸赞拉塞尔有和"魔术师"约翰逊一样的球场视野。此事发生后，斯科特严重质疑拉塞尔的成熟度。"他真是个孩子。"斯科特说，"我有一次跟他说，你19了，但有时看起来像14。"

那晚湖人迎战热队，拉塞尔被主场宣讲员介绍入场时遭到了主场球迷的嘘声。"早上我和他谈过了。我猜我只能扮演成《星球大战》里的尤达大师，给他一些类似哲人般的建议。"科比说。

"他真的挺难的。"科比补充，"我想他要学很多东西，我确信他是这样，我确信他会参与进来，他会成长、变得更好。我认为他现在没什么可以做的，除了无休止地道歉，真的没啥需要做的，

By Tom Ziller @teamziller on Mar 30, 2016, 10:46a 80

Jayne Kamin-Oncea-USA TODAY Sports

The Lakers' marquee rookie filmed Nick Young admitting that he cheated on his famous fiancée, except without Young's consent. Now, Russell's teammates are livid.

She thanked D'Angelo Russell.

IGGY AZALEA
@IGGYAZALEA

Follow

hmmm i see D Angelo Russell is trending... I actually liked his film. Thanks bro.

RETWEETS 5,028 LIKES 5,301

3:38 AM - 30 Mar 2016

德安吉洛·拉塞尔偷拍自己与尼克·杨对话的视频，并将视频泄漏，因视频中有尼克·杨疑似出轨的谈话而导致二人关系紧张，进而影响了球队的队内气氛。2016年3月30日，拉塞尔公开道歉，表示自己的行为很“恶心”，“录像被曝光并不是我的本意，我也不想伤害任何人，对于现在造成的尼克和未婚妻目前的紧张关系和不愉快的队内气氛，我感到很抱歉”。（图片来源：网站截屏）

剩下的就是继续好好打吧，继续赢得队友信任。”

当晚，湖人 102 比 100 加时拿下热队，科比只打了 9 分钟，拉塞尔拿下 16 分。

值得一提的是，当晚科比还邀请了昔日队友拉玛尔·奥多姆前来看球。

“说实话，这真是奇迹。”看到奥多姆恢复到如今的状态，科比很高兴，“在拉斯维加斯他已经一脚踏入死亡之门了。如今看到他到处走，就像什么事也没发生一样，真可以说是奇迹，已经不能再好了。”

科比和韦德约定赛前、赛后都会和奥多姆见面，因为奥多姆是他们共同的好友。“像是回到了过去。”科比说，“我们在赛前聊过了，赛后也见了面，我们只是聊聊篮球，说些垃圾话。真棒，难以置信。”

“输球不要紧，能和 LO（奥多姆简称）见面已经很值了。”韦德赛后在社交媒体上表示。

比赛期间，奥多姆还被球场大屏幕给了特写，湖人主场的观众起立欢呼。同时湖人老板珍妮·巴斯也对他致以拥抱。

“太棒了！”奥多姆说，“我都起鸡皮疙瘩了。”

“这里是他的家。已经这样很多年了。”科比说，“这就是在家和被爱的感觉，因为我们都爱他，这永远不会变。洛杉矶爱他。我们都感激他带来的冠军。没有他，我们赢不了那些冠军。”

对于新秀，科比给予包容；对于老友，科比给了爱。

“好笑不？当年‘鲨鱼’对我很和善”

有时候，对于科比来说，移动10尺的距离需要10分钟，因为每一尺都要停下，或握个手或签名，跟粉丝合影，其中还不乏现役运动员。科比明白这些，他也是这么过来的。他还记得当年要到的那些签名：乔丹、皮彭、格兰特、哈达威，甚至他的老搭档奥尼尔。

“好笑不？当年我遇到‘鲨鱼’的时候他真的对我很和善。”科比说，“我记得那时我也就15岁的样子，他真的对我非常、非常和善。哈达威则没那么好。那个场景我一辈子都记得。”

3月28日，湖人惨败给爵士的那晚，科比也给很多人签了名。那晚，罗德尼·胡德肆虐湖人的阵线，砍下30分。赛场上劲爆的胡德赛后规规矩矩等在湖人更衣室外面，和他一起的还有犹他州州长。他们等的是科比。胡德可得耐心等上一阵子，因为爵士名宿基里连科这个辈分的人以及他们的家人、朋友排在前面。最后，胡德终于等到了。

“哦，孩子。”科比见到胡德满脸堆笑地说，“今晚加上柴油啦！（夸胡德表现出色，就像开了柴油机）”两人拥抱后，科比拿出一支笔，在胡德的鞋子上留下了自己的名字。

像这样的一套赛后动作，科比已轻车熟路。此前，科比已送给对手球员约30双签名鞋了，还有其他职业联赛的球员。于是，为了到时不至于两手空空陷入尴尬，科比去客场比赛时都带上大约5双鞋，有时7双，他知道需求量还是蛮大的。

“那要搞到签名鞋需要啥条件呀？”有人这样问。

“为啥要条件？你要不来一双？”科比爽朗地笑着说，“只要有人真心要，我就会给。我有很多存货，所以不会缺货的，这你不用担心。”

科比的签名还是有讲究的。他往往不止留名，还有赠言。比如德拉蒙德·格林的，他写“去创造历史”，托尼·阿伦的则是“我见过的最伟大的防守者”，而杜兰特的是“做最棒的”。保罗·乔治、詹姆斯、阿里扎、卡隆·巴特勒也都要了签名鞋。

2016年4月5日			
洛杉矶湖人81 ： 103洛杉矶快船			
时间	投篮	三分球	罚球
22:15	2/12	0/2	2/2
6分2篮板0助攻2抢断0盖帽2失误1犯规			

道格·里弗斯失去算数能力

4 月 5 日、4 月 6 日是科比生涯结束之前的一个特殊时段，湖人将在洛杉矶先后以客场和主场的身份对阵同城球队洛杉矶快船。

“考虑到我刚进联盟时这支球队的情况，想想他们现在，真是疯狂，我们正在同一座建筑物中分享着我们每日的战斗。”科比说，“我认为他们目前正在正确的轨道上，他们这支俱乐部正在用正确的方法来运营。他们正在扭转他们此前的一切。他们的激情令人印象深刻。”

自从招来名帅道格·里弗斯，快船成为可以与任何一支球队叫板的强队，甚至曾在季后赛拿下了马刺。而一段有趣的往事是，对科比的忌惮曾让里弗斯失去基本的数学常识。

“2008 年总决赛第 6 场（当时里弗斯执教凯尔特人），我们已经（在得分上）将他们甩开很远，你们恐怕猜不到，当时助教锡伯杜走到我跟前问我，‘该上替补了吧？还有 6 分钟，我们领先 42 分。’在所有人中，能够跟我这么说话的，只有锡伯杜。我看看场上，科比还在。我说，‘菲尔（杰克逊）只要把那家伙换下去，我就上替补。’锡伯杜说，‘你已经安全了。’我回应，‘那家伙还在，就不安全。’我当时十分认真。我简直失去了常识。我们领先 42 分呢。但是他在，那种恐惧就还在。他能投三分啊。显然，我数学并不好，但是我还是担心他发挥。最终，菲尔换下了科比，我换上了替补。”

得到克里斯·保罗后，快船便成了一支季后赛球队。众所周知的是，在到快船之前，保罗险些成为科比的搭档。

2011 年 12 月初，科比正在一家豪华的训练馆进行新赛季的备战训练，突然电话响了。是保罗打来的电话，听上去，保罗已经在前往洛杉矶的路上，因为当时湖人和黄蜂已达成交易协议。科比拿着电话和保罗聊了将近半小时，话题是联手后能够拿下多少总冠军。

“但是眨眼间，交易就泡汤了。”保罗回忆道。

时任 NBA 总裁的大卫·斯特恩因“篮球原因”叫停了那笔交易。随后，保罗被交易到了快船。

“我和科比打过很多届全明星，我都数不清了，但是我记得其中一场，我们说：‘只要我们

Chris and I have been close for a long time, It's more a friendship than anything else. Blake (Griffin), he just said thank you for years of inspiration.

2016年4月6日			
洛杉矶快船91 ： 81洛杉矶湖人			
时间	投篮	三分球	罚球
27:46	6/19	1/6	4/4
17分3篮板1助攻1抢断0盖帽1失误1犯规			

Kobe still haunted by vetoed CP3 trade, believes Lakers can contend

Despite the hard times the Lakers have fallen on, Kobe Bryant still seems to believe the team can turn it around and contend for a championship next season, which he expects to be his last.

'The Lakers pulled off a trade that immediately set us up for a championship, a run of championships later, *and* which saved money,' Kobe Bryant said in a recent interview.

Frederick M. Brown / Getty Images North America

2011年12月初，湖人准备一场大交易：用保罗·加索尔和拉玛尔·奥多姆换来当时的“蜂王”克里斯·保罗。若交易成功，科比和保罗的联手将极具统治力，湖人有望再次赢得总冠军。但这次交易被时任NBA总裁的大卫·斯特恩以“篮球原因”叫停。科比对此一直耿耿于怀。（图片来源：网站截屏）

一起打球，我们就不会输。’因为我们都清楚，我们有多好胜。”

虽然两人常在球场上针锋相对，但科比认为他们可以共存。“‘鲨鱼’和我都是那样的人，我们曾在一种非常不健康的方式下共存，但是我们找到了赢球办法。我认为保罗和我真的是完全不同类型的球员，沙奎尔和我曾有不和是因为工作热情，因为他的身材和伤病让他无法像当初那样的打球，所以我曾对此十分抱怨。那就是我们的分歧所在，专注和训练才能够赢球。但是保罗和我绝不会存在这种问题。”

即使这样，科比和保罗的组合已然成为NBA历史上一个巨大的假设。

“本来结果可以完全不同。”科比说，“因为我俩是我在联盟中见过的最有斗志的家伙。”

Dream's done

当湖人主场结束了与快船的战斗，科比清楚，下一次再在斯塔普斯中心比赛将会是生涯的最后一场：4 月 13 日迎战爵士。

“我努力不去多想。”科比赛后说，“只是让自己好好感动一回。”

科比补充道：“就是出阵、上场打、不缺席、好好打，希望我的身体届时感觉良好，我能够在场上正常跑动，自由跑动，再一次打出较高的竞技状态。”

和以客队身份迎战快船不同，科比可以不必站在球员通道接受采访，而是稳稳当当地坐在发布会，任由记者发问。

科比承认，最后一场的准备将会和往常一样。“我不会让它有所不同的。”科比说，“再说一遍，还是按常规来。原班人马。再来一遍。”

对一般球迷来讲，恐怕科比的谢幕战要像当年乔丹第二次退役前那样投进绝杀才够过瘾。但科比不介意是否有那样的机会，他只希望能有些特别之处。

“是的，夺冠后退役。”他喃喃道，“但是那不会发生，所以你满意啦？那事没戏了。梦想终结了。梦想无法实现。对我来讲，就是来到这，在球迷面前好好打、努力拼、好好对阵犹他，让他们不舒服。他们上一次赢了我们 40 多分，所以我希望他们来这儿时，能够还给他们。”

“对我来讲，那是最伟大的战斗模式。那是我能拥有的最好的谢幕战，非常充满斗志的，充满对抗的。篮球就该是那样。至于最后啥样，我不知道，伙计。我真的没想那么多，我只是喜欢比赛本身。”科比说。

科比自己也不清楚最后一场比赛究竟会是怎样的情况。

“时机何时会来，你无法知道。”科比说，“我也许光坐着就泪流满面了。我不确定，但可能会那样。我不知道，走着瞧吧。”

输给快船后，科比离场时已嗅到了最后一场的氛围。球迷们起立欢呼，喊着科比的名字送他离场。“这是在这座球馆最后一场比赛之前的比赛。已经疯了。”科比说，“我绝对感受到了。我一上场就感觉到了。”

科比最后补充道：“我能感觉到，而且非常震撼。这么多年输球，不离开湖人，有这些欢呼我感觉已经值了。毁誉参半，球迷们认可了这一切，理解我们正同舟共济。这是你无法错过的爱。”

2016年4月8日			
洛杉矶湖人 102 ： 110 新奥尔良鹈鹕			
时间	投篮	三分球	罚球
22:13	4/15	3/9	3/3
14分3篮板4助攻1抢断0盖帽2失误0犯规			

比赛本身更重要

2016年4月8日，科比开始了退役前的最后一段客场之旅，新奥尔良、休斯敦、俄克拉荷马城，他将一一拜访。

首个客场是新奥尔良，科比将面对阿尔文·金特里执教的鹈鹕。这位老帅回忆了当年对科比的记忆。“我在休赛期正巧碰到他训练，那时才 7 月份，人们都忙着度假呢，但总有一股力量驱使着他向前。”金特里说，“他真的想要成为最棒的球员，对我来讲，他真的就是最棒的球员，因为他已经做了一切可以让他成为最棒球员的事情。”

在率领队员备战时，金特里跟他们说：“你们将对位的是你们穿上球鞋走上球场以来所见过的历史上最伟大的球员之一。”

当湖人主帅斯科特在比赛第 4 节站在板凳席附近，听到鹈鹕主场球迷对科比连续 8 次的呼喊时，他惊叹不已。虽已无法靠一己之力拿下对手，14 分、4 次助攻对于一场胜利来说杯水车薪，但科比看来已不怎么在乎，陶醉在球迷的欢呼声中。“真的是太疯狂了。”科比说，“我真的不能再要求什么了，这些呼喊声真的难以置信。”

鹈鹕主场有一支庞大的、专业的科比球迷队伍，他们在科比每一次持球时都会起立欢呼。

“这可是主场，我却看到全场穿着紫金色球衣的球迷。”鹈鹕内线亚历克西斯·阿金萨说，“他是伟大的传奇，如今他要告别赛场了，他需要知道这是我们的主场。”

受到激励的鹈鹕球员三军用命，110 比 102 轻松拿下比赛。科比赛后与因无缘季后赛而没有上场的“浓眉哥”拥抱告别，随后跑进了球员通道。

“比赛本身比飙分或者说赢得冠军更重要。”科比说，“真的在于你能否激励某些人让他们变得更好。希望我在这方面完成了工作，因为球迷们真的对我太好了。他们真的激励我去成为最棒的球员。”

It has been amazing, I seriously couldn't ask for anything else, or anything more. It's unbelievable to have these reactions.

2016年4月10日			
洛杉矶湖人 110 ： 130 休斯顿火箭			
时间	投篮	三分球	罚球
27:26	10/22	4/11	11/11
35分2篮板1助攻2抢断0盖帽4失误1犯规			

哈登赛后托科比办事

2016 年 4 月 10 日，湖人作客休斯敦，虽然输球，不过科比轰下了 35 分，状态神勇。

“当他打成这样，你真的拿他没辙了。”火箭防守悍将、科比前队友阿里扎这样说，“我记得我生涯第一次对位科比，他砍下了 40 分，而我生涯最后一次对位科比，他砍下了 35 分，因此我觉得我进步了。”

当时火箭位列西部第 9，距离季后赛还有两场比赛，他们需要紧追第 8 爵士，而对位爵士正是科比生涯的最后一战。哈登灵机一动。“我对他说，我们需要你去击败爵士。”哈登说，“我们需要一些帮助。”

听到这事，科比大笑。“他确实这么说了，确实。”科比说，“我说，‘喔，过去两次我们跟他们打，他们可有赢过我们 40 多分的时候，所以这第三回可真够我们喝一壶的。”（后来的事实证明，科比真的在最后一战拿下爵士，而在那一场比赛之前，火箭就已经锁定季后赛，虽未能帮上火箭的忙，但科比没有辜负与哈登的约定。）

科比赛后还见到了自己的恩师之一哈基姆 · 奥拉朱旺，科比曾在休赛期向奥拉朱旺讨教过背身的功夫。“那真是美妙的时刻。”科比说。

“我曾陪很多球员训练过，但是真的能够把我的功夫运用自如的就数科比了。”奥拉朱旺说，“当我看他比赛的时候，他下到低位然后以十分舒服的姿势做背身单打，运用得十分完美。”

如今奥拉朱旺已被火箭聘用，只能执教火箭球员，但他还是在闲暇时注意着自己曾经教过的学生们。

“当时，在训练场的前几分钟我就很兴奋，因为我发现科比很亢奋。”奥拉朱旺回忆当年的经历时说，“你能在他的眼睛里看到这些。”

“我看入神了。我就像一个学习新东西的孩子。就像是有人打开了圣诞节的礼物包装盒。你知道里面有东西，就像打开礼物那样兴奋，就是那种感觉。这是一份荣耀，绝对是荣耀，我只是想让他为此而自豪。”科比说。

He did. He did, I said 'Well they beat us by 40 the last two times we played them, so third time's the charm.

2016年4月11日

洛杉矶湖人79 ： 112俄克拉何马城雷霆

时间	投篮	三分球	罚球
18:57	4/12	3/9	2/2

13分1篮板0助攻1抢断0盖帽2失误2犯规

科比训练 阿杜看呆

科比生涯的最后一个客场在俄克拉荷马城，雷霆几乎是当地唯一的职业体育球队，因此他们的主场助威声势在整个 NBA 都是数一数二的。

比赛前两个小时，球场周围便云集了大批球迷，与以往为雷霆助威所形成的蓝色海洋不同，这次，很多球迷穿上了科比的紫金球衣。不止是球迷，雷霆的两位当家球星杜兰特、维斯特布鲁克也很推崇科比。

“不只是看他的比赛，比赛之外我也从他那里学到很多。我一直想知道，他是如何那样出色的。我通过长时间观看他的比赛来弄明白他到底是怎样的一个人。”杜兰特说，“我们聊了很多，但是那些话我只想保留在我们私人的空间里。每晚看他的比赛，更多的是想知道，他是如何造就神话的。”

杜兰特菜鸟赛季结束后，以陪练队成员的身份参加了美国队在拉斯维加斯的集训。赶上一天休息，两辆大巴车时刻待命，准备把球员送到训练馆，杜兰特和杰夫·格林是首班车仅有的两名球员。当大巴车启动时，他们看到科比也登上了大巴车，但就科比一人，而其他球员正在睡懒觉。杜兰特和杰夫·格林来到训练馆，在一端训练，科比在另一端。杜兰特悄悄观察着科比，注意到科比在三分线的每一个点都要投进 50 个球，那会花上很长时间，练完肯定通身是汗。杜兰特和杰夫·格林站在那里瞅着，说，“伙计，他是联盟最棒的球员，却乘坐大巴车来到一所高中的训练馆训练。他真是一位老派的球员。”而这也是杜兰特追求的。

至于维斯特布鲁克，科比曾公开表示，维斯特布鲁克最像自己。科比说：“我在球场上也不咋笑。他的比赛充满能量及侵略性，值得称赞。”

本场比赛，维斯特布鲁克半场便拿到三双（11 分、10 个篮板、10 次助攻，18 次三双领先全联盟），让科比惊叹不已。“我从未见过一位能像他这样在赛季中拿这么多三双的球员。”科比说，“太残暴了，他整个赛季都这么干。这被库里及勇士本赛季的成就所掩盖，但这是维斯特布鲁克史诗般的赛季。他大概是我见过的运动能力最棒的球员了。”

I haven't seen anybody get triple-doubles as much as he has in a season, That's pretty outrageous, what he's been able to do all year long. It seems to fly under the radar with what Steph (Curry) is doing at Golden State and what they're doing as a team, but he's having a historical season. He's probably the most athletic player I've ever played against.

2016年4月13日			
犹他爵士96 ：101洛杉矶湖人			
时间	投篮	三分球	罚球
42:09	22/50	6/21	10/12
60分4篮板4助攻1抢断1盖帽2失误1犯规			

投、投、投，科比永远这么回答

2016 年 4 月 13 日，科比生涯最后一站，狂砍 60 分，投中制胜球，率领湖人逆袭爵士。

当晚，队友的喂球早在意料之中，于是科比出手 50 次，是全队 85 次出手的 58.8%，这个比率甚至超过了他当年拿 81 分那场比赛。这是过去 30 年来，NBA 历史上一个球员单场出手次数最多的一场比赛。此前科比最多的一次出手是 2002 年客场加时负于凯尔特人的比赛，当时他出手了 47 次。

“我的队友一再鼓励我，投、投、投、投。”科比说。

这场比赛的 60 分，也让科比创造了球员告别战的最高得分纪录。此前从未有人在生涯告别战拿到过 30 分。与此同时要知道，科比上一次拿下 60+ 还是 2009 年 2 月 2 日，距今已过去 7 年。

“我该说什么好呢？曼巴谢幕了。”科比在告别的演讲中这样说道。

当晚，球场外的大屏打上了“THANK YOU KOBE”的字样，斯台普斯中心内的球迷数以万计，场面堪比总决赛。还有很多球迷无法进入球场，因为一票难求。有的球票再次流入市场销售，要价高达 25000 美金。120 万美元有关科比的商品的销售额也是单日销售记录。此前的纪录是 Led Zeppelin（齐柏林飞船）2007 年 12 月 10 日在伦敦 O2 球场创造的 100 万美金销售额。在科比的告别战，每位球迷平均在场内花掉 61 美金。

刚进球场，身着黑色制服、黑色衬衫、黑色领带的科比被无数摄像机包围，站在球员通道的科比告诉记者们，他当晚是来“享受比赛所带来的欢乐的”。比赛即将开始前，科比和他的妻子瓦妮莎接受了湖人队主席珍妮·巴斯赠与的礼物——纪念科比 20 年生涯的金色钻戒。科比也送给了他的队友纪念性的鞋子和衬衫。“就像是参加音乐会。”小拉里·南斯笑着说。

赛前的介绍环节，“魔术师”约翰逊像父亲一样把科比的头揽在怀里。“他从不欺骗，他在用生命打球，因此我们最终拿到了 5 座总冠军，这足以证明。”这样的开场白，让很多球迷为之动容。

此后，“魔术师”带来多位名人的问候，其中包括奥尼尔、费舍尔、杜兰特、安东尼、韦德、波波维奇、库里、詹姆斯、加索尔、奥多姆、加内特、“禅师”以及好莱坞名角杰克·尼克尔森。

尼克尔森说：“一直以来，看你（科比）的比赛都是一种享受。你激励着我们，LA 永远爱你。”

到场的老搭档奥尼尔则说科比是“最伟大的湖人球员”。

第 1 节结束后，播放了另一段视频，这是来自多位音乐人的问候，包括“嘻哈天王”Snoop

2016年4月13日，科比职业生涯最后一站对阵犹他爵士。谢幕战，科比得到惊人的60分，并在关键时刻命中远距离二分球，率领球队获胜。本场比赛，斯台普斯中心的地板上印有科比穿过的两个号码：8和24。赛后接受完采访后，科比回到球场，在数字8上签了“kobe”，数字24上签了“Laker for Life,kobe24”。4月27日，湖人将印有数字“8”的签名地板进行了拍卖，起拍价1万美元，经过半个多月202次竞拍，最终以179100美元的高价成交。此外，科比最后一站所披毛巾也以8365美元成功拍卖；甚至当晚的一袋空气也被拍卖。（图片来源：网站截屏）

Dogg、Taylor Swift、Justin Timberlake、Flea、John Legend、Ice Cube、Kanye West、Justin Bieber。

网坛名将塞雷娜·威廉姆斯也在 Twitter 上赠言：“你的一生激励了每一位运动员。”

比赛期间，湖人官方 Twitter 由于访问量太高一度出现瘫痪达 35 分钟。媒体这边，球场 Wifi 信号也变得有些微弱，因为有大约 450 至 500 位记者到现场采访。

当科比在最后 31.6 秒投进一记 20 英尺的跳投，使湖人 97 比 96 领先时，整个球场终于沸腾。科比的最后一分则是在罚球线上完成，就像他 1996 年 11 月 5 日生涯的第一分一样。最后 4.1 秒，科比下场。他带着浑身的汗水与主帅以及队友、过去的队友一一拥抱。

当拿起麦克风准备致告别辞时，科比停顿了一下，抬起头说：“伙计，我简直无法相信这 20 年有多快。”科比说，“太疯狂了。”

“能够被 NBA 选秀大会选中，并且被交易到这支球队，然后在这里一打就是 20 年，在笔端无法记录比这更美好的事情。”科比说，“我在这儿所能做的就是感谢你们。这真的十分美妙。我简直无法相信已经行将结束。”

几个小时后，当科比接受完采访，他再次回到了球场。望着一端印有数字“8”而另一端印有“24”的地板（湖人本场比赛为科比专门设计的），科比不禁在“8”那儿签上了“Kobe”，在另一端的“24”上签下了“Laker for Life，Kobe 24”。

周四凌晨 12 点 20 分（美国时间），科比离开了球场，离开之前，他跪倒并再次用手拍打了主场地板上的湖人 Logo。

白天鹅致敬黑曼巴

这本书的结尾我想了很久，直到加索尔对科比的告别信问世，我才知道没有比它更完美的结尾。在这里我把原文翻一下，我觉得这样已经足够，因为没人比加索尔更了解赛场上的科比。他的告别信也将成为对科比最好的致谢。

我还记得加入湖人队的第一天，我与球队在华盛顿特区的丽思·卡尔顿酒店会合。凌晨 1 点 30 分，有人敲我的房门（我后来发现科比睡眠并不多）。我当时坐在床上，他坐在电视机旁边的桌子上。他欢迎我来到这支球队，然后告诉我“开拼”的时间到了。那是争取胜利的时间。他认为我可以助他重登巅峰，他想确认我明白这一点。“这是我们的机会。”他当时说。他的话充满能量且意味深长。

后来的事实证明，我们是完美的搭档。

三角进攻的很多要领是基于对比赛的阅读、训练的默契程度以及对彼此的了解。我了解比赛。我对比赛一丝不苟。我认为他对此十分欣赏。我认为这令他耳目一新。我们的关系从一开始就很融洽。我们都知道我们需要彼此走向成功。

NBA 的比赛很多，所以很容易会出现松懈。他让每一个人都保持警醒。训练中他还向队友发出挑战，喷垃圾话。这并不适用于所有人。有些球员不知道该如何应对，但是我不介意。这是他激励你的方式，促使你贡献更多。人们总是容易适应安逸的环境，而他则确保没人能够处在安逸的环境中。

2008 年总决赛，我们历经 6 场铩羽而归，此后我们没有把太多精力放在这次失利上。我们意识到要消化掉此前的经历，弄明白为什么会输球，让怒火在我们的体内燃烧。第二年我们杀入总决赛时，思想境界已经截然不同，我们更强大、更具侵略性、更毅然决然。我认为这就是我们能够在接下来两年夺冠的原因。

如果你和科比一起打比赛，每天你都会见证为什么伟大会成为伟大。那绝不是偶然。只有对比赛的执着才能通往那种境界，并且保持在那种境界。他的奉献、他的承诺都是如此独特。你无法发觉。他激励我变得更好，用更精细的视角观察比赛。

2009 年总决赛我们击败魔术，每个人都非常开心，但是他则不同。这有着特别的意味。篮球是他的生命，胜利是他的挚爱。我这样说不是想要从他的家庭夺走任何东西，家庭是他的全部，但是篮球则有着更深的含义。

谈到克里斯·保罗那笔交易，我当时成为湖人获取他的交易筹码之一，但是随后这笔交易在 2011 年 12 月被叫停。他当时就像我的兄长，站在我这一边。他一度告诉湖人，“如果你们要交易他，做你们该做的，交易他。如果不，就放过他，让他好好打球”。

场下，我们相处得不太多，但最后一段时期我们有几次单独吃饭，这是我们都会回忆的。2014 年当我决定离开湖人的时候，他来到我在雷东多海滩的房子。他说他想要我留在洛杉矶，和他一起作战，一起结束生涯。这是他的原话。我告诉他，我的心需要换个环境。我需要换换空气。那是我有生以来做的最艰难的决定，我告诉他，“我现在决定不再和你打球了。”

后来我与公牛签了约，因为我想给自己再赢一次总冠军的机会。但现在我一事无成。我想念他，我想念他的风采，我想念那种境界。不是很多球员具备这一点。

白天鹅也好，黑天鹅也罢（科比曾说他希望加索尔这只白天鹅变成黑天鹅），所有这些都不会困扰我，也不会令我沮丧。那意味着他在乎我。那是严厉的爱。他曾一度挑战我，因为他希望我能够更好。当有人在乎你，他们就会挑战你。当他们不在乎你时，他们就会忽视你。这才是你需要担心的。

也许我被宠坏了，因为我知道胜利的感觉，我太爱那种感觉了。那改变了我的心境，影响了我。我认为胜利能延续我的职业生涯，激励着我去做更多。在科比身边生活的经历影响了我的一生。今夏我会成为自由球员，我正在考虑这个问题。我想将我所剩下的生涯最大限度发挥出来，也希望再次完成一些特殊的成就。

Kobe Bryant *Said*

What else can I say? Mamba out.

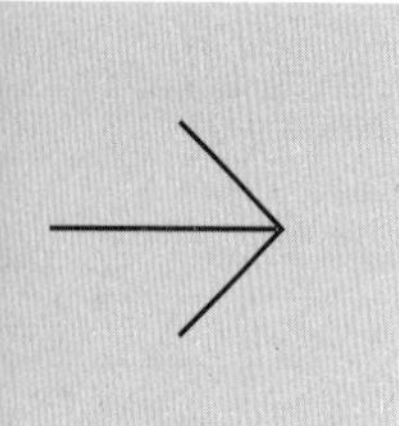

后记

4月13日，科比篮球生涯的最后一战，他拿到60分，以胜利完美谢幕。洛杉矶一个英雄时代结束了。就在科比最后一战开打前，位于洛杉矶英格伍德地区职业橄榄球队洛杉矶公羊高层办公室的电话响个不停，下午5点左右，他们与田纳西泰坦达成交易，通过选秀签的交易换来状元签。

当球队公关组准备给媒体发邮件通知这个爆炸性的消息时，却被总经理斯内德一把拦下。公羊高层达成一致，不与科比的告别战抢头条，因此他们决定在第二天再公布这个消息，就这样，公羊上下对这笔交易保持缄默直至第二天。

“没有必要在科比的告别战时让这则消息流出。”第二天公羊队的官方公告表示，“那晚属于科比，没有理由让这笔交易在那晚被公布。”

在美国职业体育界，一支球队如果想保守一条消息不被传出，尤其是交易到状元签这样的爆炸性消息，是十分困难的。ESPN、FOX、Yahoo这类职业新闻媒体在各支球队，尤其是洛杉矶这样的体育大都会的球队安插着各式各样的消息源。如果想保证消息不泄露，不仅需要球队方面的努力，更需要消息源们的通力配合。在媒体间的博弈中，消息源爆料在时机上绝对会争得你死我活。如果他们也能在这件事上达成一致，那真可以说是惊人的。而为了科比的告别战，不仅美国第一职业体育的大都会球队作出了让步，同时新闻媒体也做出了巨大牺牲。

科比退役，洛杉矶湖人进入了彻底的重建。洛杉矶快船因主力伤病倒在了季后赛首轮，洛杉矶道奇（棒球队）连续3年锁定国联西区冠军，却始终无法打进世界大赛，洛杉矶天使（棒球队）在2014年拿下美联西部冠军后，也再难现当日荣光，洛杉矶国王（冰球队）在2014年赢得史丹利杯后也一蹶不振，好在洛杉矶公羊经过 NFL 批准将从 2016 年秋天起正式入驻洛杉矶，这支职业橄榄球队的到来或许会给洛杉矶注入强心剂。公羊也不负重望交易到状元签，最终选中来自加州大学伯克利的四分卫高夫，准备开创洛杉矶的新英雄时代。但这只是个开始，没有人知道洛杉矶在科比离去后能否再找到一位代表整座城市的英雄。

不仅是洛杉矶的体育界，全美的体育界在科比离去后依然怀念着他的影响力。5 月初，美国著名赛马大会肯塔基德（美国三大赛马大会）落下帷幕，赛马尼奎斯特笑傲群雄。尼奎斯特的训练师道格·奥尼尔在被问及赛马参赛的心情时表示，“我根本不会紧张，因为我感觉就像是我们在与科比一起比赛，他将会在最后时刻锁定胜利。而我们的骑师就是这么做的。”科比的影响力已延伸至赛马行业。他那种追求胜利的信念将被人们永远怀念。

图书在版编目(CIP)数据

科比·布莱恩特：见证 / 高欣著. -- 青岛：青岛出版社，2017.1
ISBN 978-7-5552-4961-0

Ⅰ. ①科… Ⅱ. ①高… Ⅲ. ①布莱恩特(Bryant, Kobe 1978-) - 生平事迹 Ⅳ. ① K837.125.4

中国版本图书馆 CIP 数据核字 (2016) 第 321313 号

书　　名　科比·布莱恩特：见证
著　　者　高　欣
出版发行　青岛出版社
社　　址　青岛市海尔路 182 号 (266061)
本社网站　http://www.qdpub.com
邮购电话　13335059110　(0532)68068026
责任编辑　钦林威
特约编辑　宋　黛
封面设计　采　蠡
照　　排　采　蠡
印　　刷　青岛乐喜力科技发展有限公司
出版日期　2017 年 3 月第 1 版　2017 年 3 月第 1 次印刷
开　　本　16 开 (710mm × 1000mm)
印　　张　11
彩　　插　8
字　　数　220 千
印　　数　1—6000
书　　号　ISBN 978-7-5552-4961-0
定　　价　35.00 元

编校印装质量，盗版监督服务电话　4006532017　0532-68068638
印刷厂服务电话　0532-89083828
本书建议陈列类别：体育运动类、人物传记类